PUHUA BOOKS

我们一起解决问题

赢在人力资源
系列图书

绩效考核管理工具

KPI、OKR、MBO、BSC、360度考核的实施流程与应用技巧

关敬男◎著

人民邮电出版社
北京

图书在版编目（CIP）数据

绩效考核管理工具 ：KPI、OKR、MBO、BSC、360度考核的实施流程与应用技巧 / 关敬男著. -- 北京 ：人民邮电出版社，2023.8
（赢在人力资源系列图书）
ISBN 978-7-115-62018-7

Ⅰ. ①绩… Ⅱ. ①关… Ⅲ. ①企业绩效－企业管理 Ⅳ. ①F272.5

中国国家版本馆CIP数据核字(2023)第113319号

内容提要

绩效管理一直是企业管理者和人力资源从业者面临的一大难题。本书作者结合自己的专业知识和实践经验，详细说明了KPI、OKR、MBO、BSC和360度考核这五种常用绩效管理方法及相关工具的特点和应用技巧，并佐以流程图、思维导图、表格和实操案例，能够有效指导读者做好绩效管理工作，提升企业绩效管理水平。

本书从全过程绩效管理入手，围绕绩效管理的各个管控流程、所需工作、应用表格及注意要点进行撰写，案例丰富，实操性强，通俗易懂，适合人力资源各级从业人员、企业各级管理者，以及对人力资源管理工作感兴趣的读者阅读与使用。

◆ 著 关敬男
责任编辑 刘 盈
责任印制 彭志环
◆人民邮电出版社出版发行 北京市丰台区成寿寺路11号
邮编 100164 电子邮件 315@ptpress.com.cn
网址 https://www.ptpress.com.cn
北京虎彩文化传播有限公司印刷
◆开本：700×1000 1/16
印张：15.75 2023年8月第1版
字数：120千字 2025年10月北京第6次印刷

定 价：79.80元

读者服务热线：（010）81055656 印装质量热线：（010）81055316
反盗版热线：（010）81055315

前　言

绩效管理是人力资源管理的重中之重。企业能否拥有持久的发展动力，人力资源管理工作能否发挥更高的效能，都与绩效管理息息相关。

当然，绩效管理也面临着诸多难点。传统制造型企业的人力资源从业者曾谈到，企业高层管理者在管理员工时更愿意使用最常见的 OKR 考核法，那么该企业是否适用这样的考核方法呢？若要应用，如何有的放矢地制定考核方案呢？此外，一些中小型企业的人力资源从业者提出，虽然绩效考核方案很多，但在实际应用过程中会出现推行不力、效果不佳等问题。这些难点既反映了管理者对绩效管理工作的重视，也反映出一些管理者并不全面了解绩效管理各个流程以及不同考核方法的特点与应用技巧。

为了解决上述问题，本书针对不同行业、不同企业以及企业发展的不同阶段对绩效管理进行了详细的阐述。总体来说，本书具有以下三个特点。

一是内容全面。本书介绍了目前主流的绩效考核方法，如KPI、OKR、MBO、BSC及360度考核。对大部分企业来说，这些绩效考核方法的适用性较强，管理者既可以选择适合自己所在企业的绩效考核方法，也可以结合书中的建议，改进本企业正在应用的绩效考核方法。

二是实用性强。为了便于读者了解，本书分别介绍了不同绩效考核方法的定义，并阐述了它们的优缺点和特点，便于读者迅速理解该绩效考核方法的本质，尤其是该绩效考核方法的应用场景和适用情况。除了基础的理论分析，本书更侧重于讲述“怎么做”，包括如何科学合理地制定绩效考核方案、如何具体实施、有哪些注意事项等。同时，书中结合一些实际案例介绍了这些绩效考核方法的应用要点，便于读者操作使用。

三是系统性强。为了避免企业管理者在应用绩效考核方法时

“只见树木、不见森林”“知其然、不知其所以然”，本书除了介绍五种绩效考核方法，还对绩效管理工作进行了系统梳理。不仅便于管理者更好地开展绩效管理工作，也可以帮助管理者全面掌握绩效管理的理论。

在设计与写作本书之初，笔者就充分考虑到了基层人力资源从业者在实施绩效考核过程中的实操性，以及中层人力资源管理者在设计绩效考核方案时的启发性。对于不同层级的人力资源管理者来说，本书都可以作为实施绩效管理工作的参考读本。

由于作者水平有限，本书在内容上难免存在一些不足之处，敬请广大读者谅解，并提出宝贵意见。

目录

第一章　学会 KPI 是人力资源管理者的一个 KPI

第二章 弄懂 OKR 才足够“OK”

第三章 不要说 MBO 太简单

第四章 崇尚长期主义的 BSC 考核

第六章 绩效管理流程

第七章　绩效管理应用

第一章

学会 KPI 是人力资源管理者的一个 KPI

关键绩效指标（Key Performance Indicator，KPI）是目前最常用、最简便的绩效考核工具。

第一节　什么是 KPI

KPI 是基于企业经营管理绩效的考核评估体系，是指企业将战略目标或年度目标层层分解，形成岗位员工应完成的具体指标。企业通过分析员工工作绩效特征，确定员工在考核期限内对应业绩的关键量化指标并进行绩效考核。KPI 是用于衡量员工工作绩效表现的量化指标。

1．KPI 的内在逻辑

KPI 将企业的战略目标分解为可操作的工作目标，其内在逻辑源于管理学中的帕累托定律，即“二八定律”。该定律认为，80%

的工作任务是由 20% 的关键行为完成的。因此，只有认真分析和衡量 20% 的关键行为，才能抓住业绩提升的核心。企业制定 KPI 的步骤如下。

（1）分析不同岗位工作的产出

一是梳理岗位分工，因为不同的岗位设置有不同的分工；二是面对同一个岗位，盘点不同员工的能力与产出。

（2）提取和设定绩效考核指标

依据本部门目标提取和设定关键指标，该指标需要得到企业的认可。绩效指标应该与企业战略相匹配，并以工作分析为基础。

（3）根据关键指标设定考核标准

此环节主要基于步骤一的两项因素：首先，不同的岗位有不同的职责，因此要对不同的岗位需完成的指标进行分配；其次，即便两个人的工作内容一致，但因他们的工作能力、经验不同，故应为两人制定不同的指标，当然两人的薪资往往也是不同的，企业管理者无须为了追求片面的公平性刻意为两人设置相同的考核标准。

（4）审核关键绩效指标和标准

部门内部通过绩效指标与标准的讨论和交底完成内部审议，再交给公司进行最终审定。因为绩效指标是需要员工时刻关注和必须完成的，所以一定要让员工参与到指标和标准的制定工作中。

（5）修改与完善关键绩效指标和标准

根据员工与企业管理者反馈的意见，对前期制定的绩效指标进行修订，并对修订后的指标进行交底。

2．KPI 的特点

作为最常见的绩效考核工具，KPI 被广泛用于各行各业。具体来说，KPI 具有以下四个特点。

一是 KPI 中的指标均是具体的关键绩效指标。从本质来看，KPI 只考核员工的关键绩效指标，并不求全责备，而是针对员工最具代表性、引领性和关键性的工作进行考核。

二是 KPI 指标的设定目的是企业战略目标的达成。KPI 的相关指标均从战略目标分解而来，指标的达成也是服务于企业发展战略的。

三是 KPI 将个人和部门的绩效与组织绩效直接关联起来。KPI 是逐层分解而来的，从企业到部门直至个人，层级之间有极强的关联性。

四是 KPI 的设计主要基于企业的发展战略与流程。KPI 并非以目标完成为导向，所有考核指标的设置均基于企业的发展战略与流程。

3．KPI 的优缺点

具体而言，企业利用 KPI 进行考核具有以下三个优点。

一是目标明确，有利于战略目标的实现。KPI 与战略目标息息相关，指标的完成与否直接关系到战略目标能否达成。企业用 KPI 考核员工绩效能够更有力地推进组织战略目标的达成。

二是简便快捷，有利于绩效考核落地执行。相对来说，KPI 考核属于绩效考核的高度成熟领域，在指标制定上，更多地依靠战略目标的分解。当目标确定后，除非企业战略重心发生转移，每年每个岗位均可依照该目标进行考核，只需要更改指标标准即可。对人力资源部来说，KPI 制定程序简便，交底内容简单；对员工来说，KPI 指标要求简单明了，易于员工落实执行，也便于绩效考核工作的开展。

三是指标明晰，有利于衡量员工贡献。大部分企业的变化指标较少而保持不变的指标较多，每年只需依据当年的具体管理情况制定相应的标准。在这种情况下，管理者就可以衡量某个岗位连续几年的贡献，从中看出该岗位员工的成长幅度，对于员工的岗位调整也有了更多的参考依据。

同时，企业利用 KPI 考核员工业绩也有一些不足之处。

一是 KPI 考核往往是被动考核。固然考核指标是由管理者与员工共同商议确定的，但在执行中，指标是由战略指标分解到每个员工的，因此指标的弹性较小。在考核过程中，员工更多的是被动地接受相应指标，激励的效果有限。

二是 KPI 考核属于机械考核。指标确定后一般不常修改，因为反复修订的指标缺乏权威性，但一成不变的指标又难以考量到所有外部因素，所以部分指标很难保证科学公正。

三是 KPI 考核只关注 20% 的关键指标。关键指标固然能够考核核心工作，但在具体执行上难免造成员工行为偏差，导致部分员工只关注自己的核心指标，不关心岗位整体的工作。尤其是 KPI 通常只涉及本岗位工作，没有跨部门、跨职能的考核，不利于促进不同部门的员工相互合作，可能给企业管理工作带来潜在的负面影响。

四是 KPI 考核的负面激励大于正面激励。在具体应用上，KPI 考核更多地采用负面激励，如未完成 KPI 的惩罚举措是降低员工收入等，这样做不利于员工队伍的建设工作。

综上，不同类型的企业应结合自身情况灵活使用 KPI 考核工具，既不生搬硬套，也不过度依赖，避免因为过于注重量化考核指标而背离原本的企业文化。

4. KPI 的适用企业及场景

KPI 考核法作为当前较为主流的考核方法，适用于各类企业与岗位。但这并不意味着 KPI 考核法适用于所有企业和岗位。相对来说，KPI 考核法更适用于以下企业。

一是处于成熟期的企业。成熟的企业往往有更为明确的战略规划和更为清晰的年度指标计划，内外部环境也趋于稳定，这些都是企业制定合理的关键绩效指标的前提条件。相对来说，很多初创公司的发展目标难以科学测量，员工往往身兼多职，很难测算其关键绩效指标。

二是处于传统行业中的企业。KPI 必须是可测量的。许多新兴行业中的企业的发展指标、考核要求很难量化、测量，这些企业就很难采用 KPI 考核法。相应地，大部分传统行业对应的发展指标、工作标准都更为清晰可测，尤其是在传统的制造业、销售服务业等领域，KPI 的适用性更强。

三是内部管控更为成熟的企业。KPI 考核法的核心是员工的关键绩效指标，如果该企业的内部管理尚未成熟，就会导致很多员工只关注关键绩效指标，而对其他管理行为置之不理。内部管控更为成熟的企业拥有较为完善的管理流程，员工队伍基本稳定，培训体系更为完善，便于规范员工在关键考核指标之外的日常性工作与常规化操作行为，可以避免考核工作出现偏差。

KPI 考核法更适用于与组织战略目标紧密相关、对组织的增值或未来发展潜力有直接贡献的岗位，如总经理等中高层管理人员、研发人员、销售人员、生产人员等，不太适用于事务性岗位。

第二节　如何制定 KPI

很多企业在制定 KPI 时容易陷入一些误区，如指标提取时出现偏差等。本节主要讲述企业如何制定 KPI。

1．制定 KPI 的步骤

为了确定关键绩效指标，企业可以按照以下三个步骤执行，分别为确定 KPI 目标、划分责任中心、制定 KPI。

（1）确定 KPI 目标

从企业战略出发，以企业的使命与愿景为依托，确定企业的战略目标，再将该目标分解为基本目标、新增目标和挑战性目标。这样可以更加清晰地了解企业发展的关键性指标，明确必须完成的工作、本年度新增的工作，以及奋斗目标，同时分析基本指标是否仍需放入 KPI。若该指标需要得到持续性激励与要求，则可以放入；若该指标达成较为简便，已不需要额外激励，则可以不再放入。对于新增目标，尤其是新增关键目标，则需要放入 KPI。对于挑战性目标，则可以视其可实现程度决定是否放入 KPI。

（2）划分责任中心

划分责任中心是指明确上述指标具体由哪个部门牵头完成。这里需要注意的是，很多具有交叉性质的工作需要多部门联合完成，但 KPI 往往需要明确由哪个部门负责。如果某些工作需要交叉配合，则既可以由主要负责部门应用该指标，也可以由多个部门共同应用该指标。前者有助于确保每个部门分配的指标足够关键，后者能够确保不同部门可以兼顾交叉任务。该步骤需要重点关注新增指标，避免考核漏项。若需在原部门指标的基础上设置新增的部门指标，则可以删除原部门指标中不再具备决定性、关键性的指标。

（3）制定 KPI

在制定 KPI 时可以应用价值树这一管理工具，通过绘制清晰的分解图将部门的指标逐次转化为相应的 KPI，最终将 KPI 分解至每个岗位和每位员工。

制定 KPI 的具体步骤如图 1-1 所示。

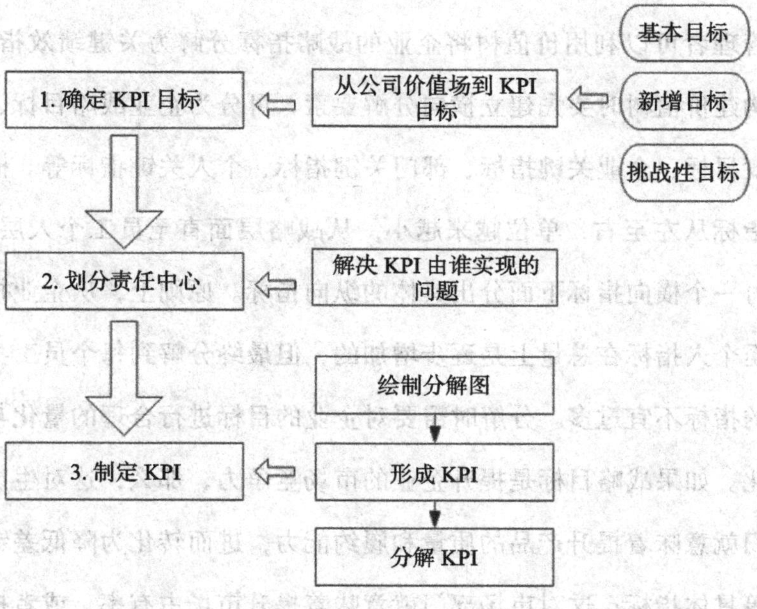

图 1-1　KPI 的制定步骤

2．KPI 的实施流程

实施 KPI 可以分为指标提取和指标设置两个环节。

（1）指标提取

提取 KPI 指标时可采用绘制价值树和鱼骨图两种方法。

价值树是连接各项指标并找出其内在逻辑关系的管理工具，管理者可以利用价值树将企业的战略指标分解为关键绩效指标。构建价值树时要先建立横向分解要素，可分为企业战略目标、年度目标、企业关键指标、部门关键指标、个人关键指标等。横向指标从左至右，单位越来越小，从战略层面直至员工个人层面。每一个横向指标下面分出具体的纵向指标。原则上，从企业指标至个人指标在总量上是逐步增加的，但最终分解到每个员工身上的指标不宜过多。分解时需要对企业的目标进行合理的量化与转化。如果战略目标是提升企业的市场竞争力，那么，这对生产部门就意味着提升产品的质量和履约能力，进而转化为降低差错率等具体指标；这对市场部门就意味着提升市场占有率，或者提升具体的销售指标等。总体来说，分解绩效指标的过程是将宏观目标分解为细化的、由个人完成的指标的过程。除了细分指标，每一层级的分解还要做好关键指标的识别工作，并非指标越多越细致就越好，而是指标越关键越好。

鱼骨图的分解方式与价值树类似，但它更围绕企业经营核心，也更便于筛选关键指标。管理者利用鱼骨图分解指标时，可从企业管理水平、客户服务水平、利润增长、技术创新等多个方向，以提升企业竞争力为首要目标，围绕企业发展进行发散与细化。每次细化就是在相应的管理领域制定具体的管理行为，最终将管理行为量化为管理指标。鱼骨图可以更加清晰地反映企业发展的相关因素，以及每个因素对应的管理行为。

相比来说，鱼骨图更适合围绕企业主营业务进行分解，可以更为清晰地展现隶属于不同部门的不同指标；价值树则能更加清晰明了地分解出个人目标。两者既可以择一应用，也可综合使用。

除了价值树与鱼骨图，企业还可以将头脑风暴与上述两种工具结合起来分解战略目标。需要注意的是，在头脑风暴中，主持人不要随意打断员工发言，也不要对员工发言的方向设限，更不要随意批判员工的发言，只需要鼓励大家各抒己见，通过开放的讨论环境激发出新的想法。这种模式容易挖掘出基层部门和基层岗位中与战略相关的指标或流程，也能让指标更加务实，更趋关键。

价值树模型和鱼骨图模型示例如图 1-2 和图 1-3 所示。

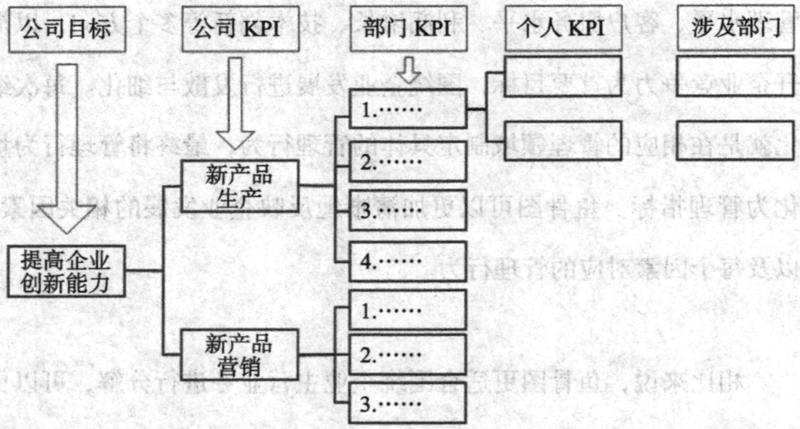

图 1-2　价值树模型示例

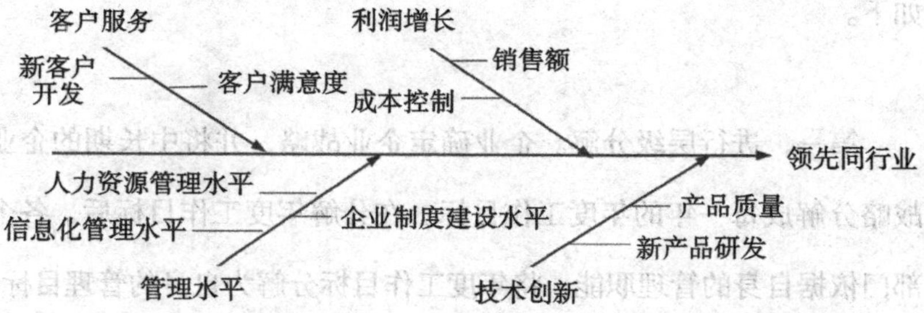

图 1-3　鱼骨图模型示例

（2）指标设置

设置 KPI 的方法主要有目标分解法、关键分析法和行业对比法。

目标分解法是 KPI 考核法中指标设置的核心方法和主要方法。绝大部分企业均可依照此方法来设置指标，再应用关键分析法和行业对比法修正指标。

目标分解法是指对企业目标进行层层分解。企业通过应用鱼骨图和价值树等管理工具，对战略目标进行层层分解，最终分解成个人关键绩效指标。通过对企业的既定目标进行层层分解，确保员工的关键目标之和等于企业的发展总目标。目标分解法的实施步骤如下。

第一，进行层级分解。企业确定企业战略，并将中长期的企业战略分解成每一年的年度工作目标。在分解年度工作目标后，各个部门依据自身的管理职能，将年度工作目标分解为自身的管理目标。该步骤并非由部门主动认领，而是企业管理者自上而下分解的。分解年度工作目标时既可以保持既定目标不变，也可以在该目标的基础上适度上调，提出挑战性目标。部门目标确定后，管理者根据部门内部不同的岗位职责分配目标，若某一部门有销售人员、技术人员、生产人员等多个岗位的员工，则可以按照两种方式划分目标。一种方式是平均分配，该方式简单明了，不易产生异议，但更适用于机械重复性劳动；另一种方式是按照不同员工的能力、经验及当前薪酬水平等进行分配，该方式能够体现同岗位不同人员的差异性，但要有相应的激励措施，避免能者多劳但少得。无论采用哪种方式，个人层面的指标并非对部门目标的机械分配，而要做适度上浮。需要注意的是，个人目标之和一定大于部门目标，部门目标之和则不少于年度工作目标，因为不能确保每位员工都能达成自己的关键绩效指标，只有适度上浮，才能够确保企业年度工作目标基本完成。要注意的是，上浮幅度要有一定限度，以合理的生产效率为前提。

第二，进行目标转化。能够按照层级直接分解的目标毕竟有限，很多目标是非量化的，或者在企业的年度工作目标中并没有着重提出，如企业内部管理方面的目标、流程优化方面的目标等。这些目标难以通过直接分解得出，而是需要将企业的宏观目标转化为部门或个人的可执行目标。这样的转化往往需要经过三个阶段。第一阶段是从企业的年度目标到部门的年度目标，既可以采用定性分解，也可以采用定性加定量分解，或定量分解。一言以蔽之，将企业的目标分解为部门的目标时，定性指标是可以存在的。该阶段的核心是为部门确定整体的工作目标。第二阶段是部门内部通过讨论、研讨等方式设置本部门的工作目标，并将该目标进行量化。若部门目标是提升服务能力，则需要将其转化成组织几次培训以提升员工的服务意识与能力、客户的满意度评分等。这样就能将笼统的、概括的指标转化为具体的、可衡量的指标。第三阶段是将部门的目标转化为个人的关键绩效指标。在这个过程中，对已经转化成部门量化指标的部分按照之前的步骤进行再次分解。对于仍不可量化的指标，则通过设置时间限制与次数限制将其转化成类量化指标。例如，为提升企业对员工的关爱频次，企业可以规定每年或每季度开展几次员工关爱活动、活动的范围与受众等。

第三，设置指标标准。指标标准是指指标完成的质量、速度、时限或频次等，员工不仅要做这件事，还要知道这件事在什么时候做到什么程度。指标标准一定不要高于三条标准线，即不高于同行业最高标准线，不高于同期本企业绩效最优人员的最高生产率，不高于本区域内最高标准线。如果企业已经是行业内最优，则可以在自身的基础上适当上浮。此外，为便于奖惩，可以将指标标准设置为不同的梯次，如基准指标、奋斗指标、最低指标等，进而在奖惩中进行不同的操作。超过奋斗指标可获得奖励，达成基准指标不奖不罚，低于基准指标则进行适度惩罚，低于最低指标则进行严厉惩罚。其中，最低指标的完成值之和应不低于战略指标。

通过上述三个步骤，即可获得员工绩效指标。在指标分解上，一定要保证这些指标是企业管理的关键性指标。由于上述指标往往是以年度为单位的，因此管理者还需要根据企业的考核周期，将员工的关键绩效指标分解至对应的绩效考核周期。在绩效考核周期的分配上，既可以进行平均分配，也可以按照行业特征进行差异化分配。例如，某些行业或在某些地域的一些企业受季节或相应的外部环境影响较大，则可使旺季分配的指标更多，淡季分配的指标更少。

关键分析法是指对本企业在行业内获得成功与发展的重要元素进行分析，并找出其中的关键指标的方法。在具体分析时，既可以建立包括财务指标和非财务指标在内的综合指标体系，通过对各类指标及其变量进行控制和分析，找出企业发展的核心与关键指标，也可以采用综合对比分析的方式，确定自身的竞争优势及劣势。

在分析上，可采用内外部分析法。在内部，可以大范围讨论企业发展的优势，即哪些是本企业拓展市场、服务客户、创造价值的关键。具体来说，可以通过产出、流程与内部管理三个方面做具体分析。一是某个部门产出多少。不同业务部门的产出是难以计量和横向对比的。但在企业内部，不同的业务群体带来的贡献是有高有低的。二是在管理流程上承担多少。在管理流程上，哪些流程支撑着企业的发展，帮助企业提高效率，降低错误发生的概率，这些流程则足够关键。三是内部管理上支撑多少。很多部门没有直接的产出，如行政管理、人力资源等部门，很难确定和衡量其具体的产出，但可以衡量该部门在支撑企业发展上贡献了多少力量。这种对比分析既可以通过内部讨论完成，也可以通过成长性指标来对比。

在外部，可以对客户进行详尽调查，通过客户反馈的信息来发现和确定自身的核心竞争力。需求端调查的优点是能够更加清晰、准确地了解自身的优势，缺点是难以获得真实数据，收集反馈信息的难度较大。收集客户评价时，企业可以采取问卷调查与访谈两种方式。在设计调查问卷时，可针对客户评价设置 10～15 道问题，每道题以评分的形式进行评价，分值从 1～10 分不等。例如，请客户对本公司客户服务工作的满意度进行评分，1 分为最不满意，10 分为最满意。问题设计要从客户的角度出发，紧密围绕客户关心的主题，如客户服务满意度、产品创新满意度、销售渠道满意度、售后渠道满意度、产品设计满意度等。问题的设计维度包括本企业的客户服务、产品或服务质量、渠道、设计、生产效率、售后等全过程管理。

企业如果采用访谈法收集客户评价，则可对客户方不同层级的管理人员进行访谈，在客户方的基层、中层和高层选择不同的访谈对象，并分别设置一定的权重，被访谈者的管理层级越高，权重就越高。为便于对比与计算，可采用结构化访谈的方式，在访谈前列出提纲，访谈后形成访谈清单，对每一项问题的关注度与评判情况进行分析和计算，选出自身的关键项。

行业对比法是指将本企业与业内最优秀的企业或竞争企业、对标企业的发展进行对比，找到对方企业发展的核心优势。例如，某制造业企业处于行业中游，则可以对比本行业的头部企业，分析头部企业的发展路径与核心竞争力。通过对头部企业的分析，找到其成功的关键，进而找到指标设置的关键。在找到关键指标后，也可以应用行业对比法测算指标标准。例如，对比头部企业后，明确本企业在多长时间内发展到该水平，并以此设计指标增长幅度，进而分解为每年的发展指标。

行业对比法也有一定的局限性。一是该方法仅适用于部分高度透明化的行业及其有限范围的岗位。要确保该行业数据易于在公开环境下获取，并且行业数据具备高度的可比性，或行业存在某标杆类企业，可参照其具体数据，如某些行业的销售指标或市场占有率指标。行业对比法更适用于中小型企业，既可以降低企业在提炼指标上的投入，又可以获得较为科学的指标。二是需要注意指标的适用性。企业间竞争既有对自身对标企业的追赶超越，也存在差异化竞争，并非所有优秀企业的战略指标都适合学习。企业应避免“橘生淮南则为橘，橘生淮北则为枳”，注意在应用前进行充分的论证。三是需要注意指标的合理性。部分企业在根据对标企业的发展情况设置指标时，容易陷入过度追求指标增速的误区，设置了过高的指标，导致欲速则不达。因企业发展历史不同、内部管理效率不同、员工能力水平不同，所以企业间的发展差异并非只取决于员工的努力程度，设置过高的指标反而会让指标丧失应有的效用。

3．制定和实施 KPI 的关键点与注意事项

制定 KPI 时，为避免过犹不及，需要把握以下几个关键点。

一是能够对增值工作做出清晰描述。即能够对相应的指标做出可衡量与量化的分解。

二是能够针对每一项关键工作提取绩效指标并建立标准。企业要高度关注关键工作的指标提取，避免指标缺失。

三是能够对不同产出的重要性进行明确划分。先对该工作与目标的重要性进行衡量，再对其转化的具体工作指标的重要性进行划分。

四是能够反映绩效考核对象的实际绩效水平。指标标准既不能设置为所有人都难以完成的高度，也不能设置得过于宽松。

KPI 设置有如下注意事项和要求。

一是注意数量。KPI 设置真正应该关注的是 KPI 提取的够不够精练，与战略的契合度够不够高。对一般部门来说，KPI 的数量以 5 个为宜，最多不超过 10 个。

二是难度适当。所谓难度适当是指指标设置的难度需要适度，注意挑战性与科学性的平衡。此外，指标一定是员工改变态度、改进方法后就能够达到的，而且总体来说是持续稳步向前的。

三是注意平衡。首先，保证部门内不同岗位员工指标难度的平衡，因为分工不同，每个人的指标方向不同，所以要尽可能做到内部均衡；其次，保证部门之间指标难度的平衡，可利用集中研讨、建议收集等方式广泛征求意见，不断平衡难度。

同时，要想保证 KPI 实施的公平性和有效性，还要遵守以下八项要求。

一是关注组织。KPI应该与组织的发展战略和企业文化相关。KPI的制定既要充分结合岗位说明书，也要关注企业的战略和文化，这样才能够真正找到关键指标。

二是战略引导。前文就如何设置KPI进行了详细介绍，但无论如何操作，都要牢记部门员工KPI之和就是部门KPI，而各部门KPI的集合，就是企业本考核周期的发展目标。

三是结果导向。KPI考核是针对结果的考核，而非针对过程的考核。KPI关注的是结果的达成情况，而非达到该目标的过程。管理过程和管理行为并非KPI的重点，只有管理结果才是KPI关注的重点。

四是专业主导。KPI需要由相应的业务部门来制定，再由人力资源部核定。只有与业务部门充分沟通，才能确定相应岗位的KPI。

五是区分个体。KPI并不是部门任务的简单分解，我们要按照部门成员所处的序列、任务分工及个人能力进行分解。但很多时候，问题会更加复杂，例如，销售部门除了销售人员还有一位客服人员，显然他的指标很难在部门指标中体现出来，但作为后台支撑，客服人员的指标设置同样重要。

六是精准衡量。KPI 符合 SMART 原则，也就是说，在 KPI 设置上，一定要设置可衡量的指标。

七是进行评估。指标设置后，可采用“望闻问切”四种方法进行复核。“望”即看指标是否符合 SMART 原则；“闻”即公示指标，听取意见及反馈；“问”即重点访谈，尤其是对高管、核心骨干员工进行样本分析；“切”即躬身入局，通过查阅统计及考核资料，衡量现设指标是否能够实现如期考核。

八是持续改进。指标改进主要是通过指标评估完成的。KPI 改进分为三个阶段：指标制定前，牢记“兼听则明”，即听取各方意见，博采众长；指标制定后，注意“过犹不及”，如果员工对已经制定好的指标存在较多的不同意见，就需要谨慎修正；绩效执行后，注意“有的放矢”，在下一个考核区间前对执行中发现的问题进行有针对性的修正。

第三节　如何应用 KPI

不同行业、不同企业对不同岗位的员工会设计不同的 KPI，本节将列举一些岗位的 KPI，供人力资源从业者参考。

1．某公司市场营销人员 KPI

市场营销是指营销人员开展经营活动和销售行为的过程，其 KPI 至少需要具备方向指引性、实操性、可衡量性以及和业务结果（企业经营指标）强相关的特点。例如，某公司最初的考核方案是针对所有部门设计的，由于今年的市场规模比上年度缩减 10%，为了提高市场营销人员的绩效且使考核更具针对性，新任市场营销总监将绩效考核改为关键结果导向的 KPI 考核，根据销售额、销售量、客户转化率、客户增加率、营销费用投入产出比等设置关键考核指标，按照一定的标准为每一项指标设置相应权重，建立末位淘汰制度，最终使该公司的销售业绩大幅提升。该公司市场营销人员 KPI 如表 1-1 所示。

表 1-1　某公司市场营销人员 KPI

序号	指标	指标定义	考核标准	权重
1	销售额	考核周期内成交的销售总额	（1）销售额较上一考核周期有所增长 （2）销售额达到 ×× （3）销售价格合理	
2	销售量	考核周期内成交的订单数量	（1）订单数量较上一考核周期有所增长 （2）销售量达到 ×× （3）销售价格合理	
3	客户转化率	成交客户数量 ÷ 接触客户总数量 ×100%	（1）成交客户数量不得低于 ×× （2）成交率不得低于 ××	
4	客户增加率	考核周期内新增客户数量 ÷ 原有客户数量 ×100%	客户增加率不得低于 ××	
5	营销费用投入产出比	考核周期内营销费用 ÷ 考核周期内销售额 ×100%	营销费用投入产出比不得低于 ××	

2．某公司生产经营人员 KPI

企业生产经营是围绕企业产品的投入、产出、销售或实现扩大再生产所开展的各种有组织的活动，其 KPI 制定涉及投入、产出、销售等多个方面。例如，某公司的生产经营部在企业总体战略框架下制定了部门的年度经营目标和生产任务。为了保证经营目标和生产任务的顺利实现，制定了针对生产经营人员的 KPI，从产值、生产成本、产品合格率等方面全面衡量生产经营人员的工作绩效。通过改进绩效考核方案，生产经营部门各项指标与去年相比均有了不同程度的提升。该公司生产经营人员 KPI 如表 1-2 所示。

表 1-2　某公司生产经营人员 KPI

序号	指标	指标定义	考核标准	权重
1	产值	考核周期内生产总额	考核周期内产值不得低于××	
2	生产成本	生产原料、管理费用、设备维修及折旧等费用	考核周期内生产成本降低××	
3	产品合格率	考核周期内生产的合格产品数量 ÷ 总产量 ×100%	产品合格率不得低于××	
4	人均产值	总产值 ÷ 员工总人数 ×100%	人均产值不得低于 ××	
5	安全事故	因生产行为导致的安全事故	安全事故发生次数为 0	

3．某公司物资采购人员 KPI

物资采购岗位的基本职责是为企业进行物资的询价、采购、结算等工作，其 KPI 包括生产设备采购、服务采购、采购检验等内容。例如，某公司为满足各种物资和原材料需求，定期进行按需采购，相关物资采购人员根据公司战略和生产发展的需要完成采购任务并积极开拓货源，保证采购原料物美价廉。为完成该目标，该公司为物资采购人员引入了 KPI 考核，通过采购计划完成率、采购成本控制、物资合格率等指标考核采购人员的绩效情况，在帮助公司按时保量保质完成采购供应计划的同时降低采购成本。该公司物资采购人员 KPI 如表 1-3 所示。

表 1-3　某公司物资采购人员 KPI

序号	指标	指标定义	考核标准	权重
1	采购计划完成率	考核周期内采购计划实际完成数 ÷ 采购计划总数 ×100%	采购计划完成率不得低于 ××	
2	采购成本控制	考核周期内实际采购费用控制在预算之内	采购成本下降 ××	
3	物资合格率	考核周期内采购的合格原材料 ÷ 考核周期内采购的所有原材料 × 100%	物资合格率不得低于 ××	

4．某公司研发人员 KPI

研发是指创造性地运用科学技术有计划地开展调查、分析和实验活动，其 KPI 包括新产品、新项目开发及检验，旧产品升级及技术创新等内容。例如，某公司为了提升员工的综合素质进行了绩效考核，这种考核方式维持一年后，企业的业绩并没有得到明显改善，反而考核成本大幅上升。为此，该公司引进了专门针对研发人员的 KPI，以新产品开发计划完成率、新产品合格率以及客户满意度为核心 KPI，既做到了管理的精细化，也抓住了企业考核的重心，大大提升了研发人员的研发积极性和研发效率。该公司研发人员 KPI 如表 1-4 所示。

表 1-4　某公司研发人员 KPI

序号	指标	指标定义	考核标准	权重
1	新产品开发计划完成率	考核周期内新产品开发计划完成数量 ÷ 新产品开发计划总数 ×100%	考核周期内新产品开发计划完成率不得低于 ××	
2	客户满意度	客户对新产品性能的满意程度	客户满意度评分不得低于 ××	
3	研发经费投入产出比	研发经费 ÷ 新产品销售额 ×100%	研发投入产出比不得低于 ××	

（续表）

序号	指标	指标定义	考核标准	权重
4	新产品合格率	考核周期内符合质量要求的新产品 ÷ 新产品总数 ×100%	新产品合格率不得低于 ××	

5．某公司财务管理人员 KPI

财务管理人员的 KPI 涉及财务预算、财务分析、财务报告、钱款发放、依法缴税等方面。例如，某公司为完成财务计划，在保证完成生产经营任务的同时节约成本，设置了财务管理岗位，其主要负责协助制定财务战略，利用财务核算与会计管理原理为公司经营决策提供依据，其关键绩效指标包括财务收益达成率、财务报表完成率、百元资金成本占用率等。该公司财务管理人员 KPI 如表 1-5 所示。

表 1-5　某公司财务管理人员 KPI

序号	指标	指标定义	考核标准	权重
1	财务预算控制	考核周期内财务预算实际完成情况	不得超出既定财务预算	

（续表）

序号	指标	指标定义	考核标准	权重
2	财务收益达成率	考核周期内实际收益 ÷ 预算收益 ×100%	考核周期内总收益不得低于 ××	
3	财务报表完成率	及时、准确地统计公司财务情况	财务报表正确率不得低于 ××	
4	百元资金成本占用率	考核周期内每百元商品销售额平均占用的流动资金额	百元资金成本占用率不得高于 ××	
5	应收账款完成率	考核周期内收回账款 ÷ 考核周期内总应收账款 ×100%	应收账款完成率不得低于 ××	

第二章

弄懂OKR才足够『OK』

OKR（Objectives and Key Results）即目标与关键成果法，提供一套明确的、能有效跟踪目标及其完成情况的管理工具，由英特尔公司发明，兴盛于谷歌公司。OKR不仅是一种目标管理方法，也成了一种工作理念，被越来越多的企业所采用。

第一节　什么是 OKR

OKR 是确保将整个组织的力量都聚焦于完成对所有人同样重要的事项的一种管理方法。其中，目标（O）是对驱动组织朝期望方向前进的定性追求的一种简洁描述，关键成果（KR）是一种定量措施。OKR 的最大优势在于能够充分激发全体员工的积极性，让所有员工都能投身于企业的宏伟目标，并在不断尝试实现更高目标的过程中使企业完成蜕变。

1．OKR 的内在逻辑

要做好 OKR，必须先回答两个问题。第一个问题是：我们想做什么？这个问题的答案就是目标（O）；第二个问题是：如何得知我们朝目标推进了多少？这个问题的答案就是应该在实施过程中验收的关键成果（KR）。从本质上讲，OKR 通过不断强调企业的愿景与使命，将任务分解到了具体的业务流程中。在这个过程中，企业能够自上而下地对齐目标、协同工作，所有人朝着同一个目标前进。

OKR 的理论基础是目标设置理论和目标管理理论。其内在逻辑如图 2-1 所示。

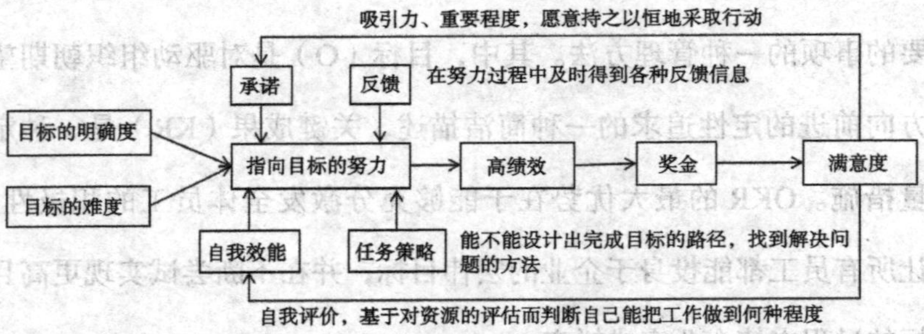

图 2-1　OKR 的内在逻辑

2. OKR 的特点

一是少即是多，无论是目标，还是关键成果，均是有限的。每一个目标只需要设置 3 ~ 5 个关键成果即可。

二是保持灵活。目标是可以随时变化的，但前提是目标的完成情况和推进步骤是经常被讨论与思考的，并非一个目标没有完成，就换成另一个目标，或者一个目标的挑战性太大，员工提出了意见，企业就更换了目标。

三是公开透明。目标的公开透明能够使每一个员工进行上下、左右的对标与对齐，这既是对每一位员工的激励，确保员工知道自己可以为别人做什么，以及别人可以支持自己做哪些工作；也可以营造良好的工作氛围，使得团队合作更加融洽。

四是前瞻性思考。企业的目标必须基于企业现有的发展能力，回顾企业发展的历史脉络，找到自身发展的规律，注意不要固守成见，要创造性地对企业的未来做出前瞻性思考，推动企业实现指数级的发展。

五是 OKR 是工具而非武器。OKR 并非评判谁不够优秀，进而对员工进行惩罚，而是激发所有员工的动力与活力，让员工主动参与到企业发展之中，并将宏大的愿景逐步落实到自身的行为与结果中，通过对行为的不断纠偏与改进，获得更好的结果。

3．OKR 的优缺点

OKR 之所以能够成为当下最受欢迎的绩效管理方式甚至管理方法，因为其有独特的优势。总的来说，OKR 具备以下优点。

一是能够促进积极合作。相较于传统的考核方式，OKR 更能促进团队成员之间的积极合作。企业内部的每一位员工都知道自己的工作重点，OKR 能够激发员工的工作热情与强大的内驱力，帮助员工找到前进的方向与路径，设置需要完成的关键举措。

二是 OKR 相对容易衡量进程，最终实现想要的结果。在实施 OKR 的过程中，当一个目标完成时，可以更换另一个目标，即便目标未能完成，也可衡量进展情况并做出及时调整，评估该目标是否具备可执行性、必要性及科学性，最终得到想要的结果。此外，该考核方法同样适用于对应的关键举措，能够避免考核僵化和员工行为的僵化。

三是 OKR 能够激发企业创新，帮助企业实现快速发展。OKR 鼓励员工改变传统的思路，以创新型思维开拓性地完成工作。OKR 这一绩效管理方法通过提出具体且具有高度挑战性的目标，最大限度地激发员工活力与动力，可以帮助企业实现超出既定速度的发展；同时，通过进一步厘清团队合作与交流过程中出现的问题，既可以促成团队合作，也能够进一步提升企业的管理效率。

但是，OKR 也有一定的局限性，即其对企业的管理者和员工都提出了以下要求。

一是 OKR 需要企业员工具备较高的职业素养和综合素质。只有员工具备较高的综合素质，能够主动地思考、解决问题，全身心投入到企业的愿景之中，才能够确保 OKR 发挥应有的效果。相反，如果员工自身素质有限，难以理解企业愿景与使命，也拒绝提升自身能力，那么 OKR 的执行和落实将难以为继。

二是 OKR 的适用范围较为有限。一般而言，只有当企业具备开放性的氛围或者处于经营调整期才会赋予OKR一定的优先性。如果企业的集权程度过高，不能激发员工的动力与活力，而员工只是高度地服从或机械地执行，OKR就很难发挥作用；如果企业的环境缺乏必要的包容性，也会导致目标难以具备真正的挑战性，且员工在制定目标、制定举措及完成举措的过程中，还容易出现相互推诿扯皮、目标低于预期等行为偏差。

三是OKR对企业管理者的素质要求较高。管理者不仅要充分认同与重视OKR的实施，还要在过程中予以高度关注，并充分包容员工，正确引导员工。只有这样，OKR才能实现效果最大化。

4．OKR的适用企业及场景

虽然OKR普遍适用于大部分企业，但在部分传统领域中，OKR的成效仍有待检验。此外，如果员工的整体素质一般、缺少一定的自驱力，OKR的成效也难以达到预期。综合来看，OKR比较适用于以下四类企业。

一是处于初创期的企业。这类企业的各项要求没有细化，企业战略目标并不清晰，管理者需要不停地探索以确认企业的战略，并根据企业发展目标进行管理。OKR 将目标与结果相关联，强化了企业的目标牵引作用，同时，又通过阶段性的复盘修正，保障了方向的正确性。另外，OKR 的集成模式将优势资源聚焦在最重要的事上，很大程度上减少了资源的浪费与内耗，这对此类企业尤为重要。

二是依赖高科技的企业或者团队之间沟通工作量较大的企业。这类企业的员工素质与能力很高，个人自我管理能力强，企业的发展方向也一直在调整，如互联网企业。企业使用 OKR，员工可以自愿自发地投入工作，不需要进行强制性的考核工作。

三是转型中或处于变革期的传统企业。这类企业处于发展的瓶颈期，更需要企业管理者与员工明确下一步的发展方向，以便在所处领域进行有效转型，实现新的发展。

四是需要不断创新的企业。这类企业鼓励员工提出大胆的想法，实现更大的创新。在企业管理方式上，死板的量化指标只会让企业束手束脚，由于这类企业往往具有更高的容错能力，因而更适合采用 OKR 这一绩效管理方法。

除了上述企业，在以下企业管理场景中，OKR 也可以发挥较大优势。

一是大型企业的转型升级期。很多大型传统企业在转型过程中，可通过实施 OKR 考核办法，促使员工上下同欲、目标一致，也能够尽量减少改革阻力，帮助组织实现改革和转型目标。

二是初创企业的快速成长期。对于很多初创企业来说，如何将有限的资源投入到关键成果上至关重要，OKR 能够让企业将最重要的管理资源集中于决定企业生死存亡的核心问题上。

三是扁平化管理企业的持续发展期。扁平化管理是当今管理领域中较为流行的做法，OKR 可以促使扁平化管理更好地落地并实现可持续发展。OKR 通过规划各个管理模块的共同目标，可以帮助扁平化企业实现可持续发展。

第二节　如何制定 OKR

OKR 能够明确组织和个人的“目标”以及每个目标达成的可衡量的“关键成果”，从而将目标管理自上而下贯彻到基层，帮助员工认清工作方向，关注自身取得的成绩。OKR 从制定到落地需要全员参与，其关键是上下级目标的承接以及围绕具体目标的任务分解。

1．制定 OKR 的步骤

根据 OKR 的内涵和特点，OKR 的制定可以分为以下三个步骤：一是树立一个目标；二是围绕这个目标，分解部门级别的 OKR；

三是根据部门级别的 OKR，形成每位员工的 OKR。

第 1 步：通过企业的愿景与使命，确定企业级别的目标。

首先，要明确提出企业的愿景与使命。OKR 最大的作用就是所有员工能够朝着具有强烈感召力的愿景与使命去努力工作。因此，企业需要明确自身的愿景与使命。企业愿景能够擘画企业的未来，并汇集全体员工对企业价值的畅想，往往需要有足够高的目标、足够远的规划和足够简单的描述；企业使命通常包含客户、员工、产品与服务、市场、技术、经营理念、盈利能力及自我认知，可以通过分析企业所需承担的社会责任和成就员工责任两个方面去设置。无论是企业愿景还是企业使命，都需要具备极强的感召力和影响力，能够强化员工的认同感和归属感。一家企业的愿景与使命一定是员工共同参与制定的，具有一致性和稳固性的。

其次，要基于愿景与使命设置企业级别的 OKR。当企业拥有稳固、合理的愿景与使命时，就可以评估与探讨通过怎样的企业战略可以达成企业的愿景，完成企业的使命。企业的战略最终又可细化到每一年或某个周期内企业要达到的具体目标。但企业目标并非等同于企业级的 OKR，企业目标更像是厨房里的食材，OKR 则像是在精挑细选与煎炒烹炸之后呈现出的“大餐”。在该阶段可以通过三个方向将企业目标转化为企业级别的 OKR。

第一，列出企业最重要的、最关键的目标。并非每一项目标都是最重要的，至少在每一个时间段内，关键目标必须是有限度的，企业很难同时做好每一件事。管理者在选取重要目标时可从以下两个维度入手：一个是要对目标的重要程度进行排序，需要注意的是，OKR 是关注远景的管理方式，只有有限的目标（如三到五个目标）才能激发全体员工共同完成的意愿，也才能促使所有的管理力量与管理智慧充分汇聚起来，促进目标的完成；另一个是按照“下—上—上—下”的顺序，即从下至上“群策群力”充分听取基层员工对目标的意见，再从上至下“层层传达”，在这个过程中需要对重要目标进行修正、分析，做到心中有数。

第二，为这些目标赋予具体的、可衡量的数据或描述。在确定企业级别的三到五个目标之后，还需要构想如何描述这些目标。为此，可以将这个目标转化为企业市场份额的增加，这样的目标至少已经是可以衡量的。例如，企业当前的市场份额是 25%，如果企业在未来一个周期内市场份额达到 26%，就算完成了该任务。但这仍然不够好，因为市场份额达到 26% 和达到 30%，都实现了市场份额的增加。真正优秀的目标不仅是可衡量的，还是足够具体的。例如，提升企业的竞争力，将企业的市场份额提升至 30%，这样的目标能够帮助员工清晰认识到自己前进的方向，也便于企业在后期更好地衡量 OKR 的完成度。除了具体、可衡量，OKR 目标设置中非常关键的一点就是要充分鼓舞人心。例如，一家企业的月度最高销售额为 800 万元，那么管理者可以通过设置 1 000 万元、1 200 万元甚至 1 500 万元的目标销售额来激励员工。当然，目标设置也需要有一定的限度，必须是能够通过创新的思路、员工的努力、良好的内外部环境支持可以达成的，不能是天方夜谭。

第三，为这些目标匹配关键成果。美好的奋斗目标固然能够激发员工的士气和积极性，但如果没有支撑该目标完成的行动，就依然是水中月、镜中花。因此，树立目标之后，管理者还要确保员工知道自己需要做哪些工作、做到什么程度。从数量上看，可设置三至五个关键成果，过多的关键成果会导致员工的行动方向不够聚焦，反而失去了行动的动力。一般而言，关键成果对衡量目标的完成度具有决定性作用，只要达到对应的关键成果，即可视为达成了目标。因此，论证该成果是否足够关键时，可先排除该成果，再看如果未实现该成果，目标是否还能如期达成。如果能，则证明该成果并非关键成果，反之亦然。从周期来看，需要为关键成果设置一个合理的时限，即该成果应该在哪个时间点或时间段内完成。最后，从设计难度来看，该成果一定是具有高度挑战性的，需要以具备高度挑战性的行为结果促使企业实现指数级的发展。此外，在设计关键成果上，需要做到与所设置的目标一致，关键成果必须是具体、可衡量和可验证的，即有明确的方式方法来计算和考查完成的情况。

第 2 步：围绕企业级别的目标，分解部门级别的 OKR。

与传统的目标考核不一样的是，部门级别的 OKR 之和看似可以等同于企业级别的 OKR，但实际上往往并不完全等同。OKR 的分解并非只是结构化分解，而是要从管理逻辑上进行分解，这是其与传统的目标分解最大的不同。

首先是针对企业目标的分解。企业目标的实现有赖于不同部门的协调与配合，企业追求的关键成果最终也需要各个部门去推进和完成。因此，企业级别的目标最终需要成为部门级别目标的集成。即只要是企业级别的目标及其关键成果所追求的，就可以是部门级别的目标及其关键成果所追求的，且部门级别的目标及其关键成果不得低于企业级别的。

其次是部门级别的目标与关键成果的设置。企业级别的目标只有三到五个，其关键成果也很有限。很多时候并非只要将其分发下去就能完成分解。在大部分情况下，每个部门都需要讨论与探索，如何通过本部门的工作支撑企业完成企业级别的 OKR。仍以上文中的案例说明，该公司想在本年度将市场份额提升至 30%，那么这个目标是否仅仅是市场部或营销部的目标？显然并非如此。市场份额的高低固然与营销推广的力度有很大关系，但产品质量、生产效率、吸引力、创新程度等对市场份额同样具有很大的影响，甚至产品的成本控制、定价策略等也会对市场份额产生影响。因此，看似某一个发展目标是个别部门设置的，其实它需要公司所有部门共同努力实现。基于此，OKR 一般包含三个方面：一是企业需要部门做什么，二是部门如何帮助企业达到目标，三是根据其他部门与企业的管理流程，本部门需要做什么。通过这三个方面和企业级别的 OKR 分解就能够形成部门级别的目标。需要注意的是，如果整合出的目标较多，仍需要排出优先级，判断哪些是当前需要达成的最重要的目标，哪些是日常工作中就可以解决的问题，进而筛选出当前最重要的三到五个目标，作为企业级别的目标。

第 3 步：根据部门级别的 OKR，形成每位员工的 OKR。

这个过程与将企业级别的 OKR 分解为部门级别的 OKR 较为类似。员工既需要有效承担部门的目标任务，也需要自主思考自己应达成的工作目标。但更需要注意的是，员工的个人 OKR 要尽可能地与部门级别的 OKR 趋同，趋同性可达到 70% 以上，这样能够帮助员工高度聚焦部门级别的 OKR，有利于部门级别 OKR 的实现。

无论是哪个级别的 OKR，都要保证目标与关键成果均是具体的、可衡量的。在分解过程中，也可以运用价值树、鱼骨图、战略地图等管理工具进行更为科学的分解，如图 2-2 所示。

管理者制定 OKR 时还可以采用头脑风暴法。

对规模有限的企业尤其是部分初创企业或中小微企业而言，尚无完善的部门设置，或者员工仍然较少，若按照上述方法逐层分解，就会导致工作量陡增，而且很多 OKR 是高度重复的，存在过度管理的可能。为此，可以采用更为简便的头脑风暴法推进 OKR 管理。

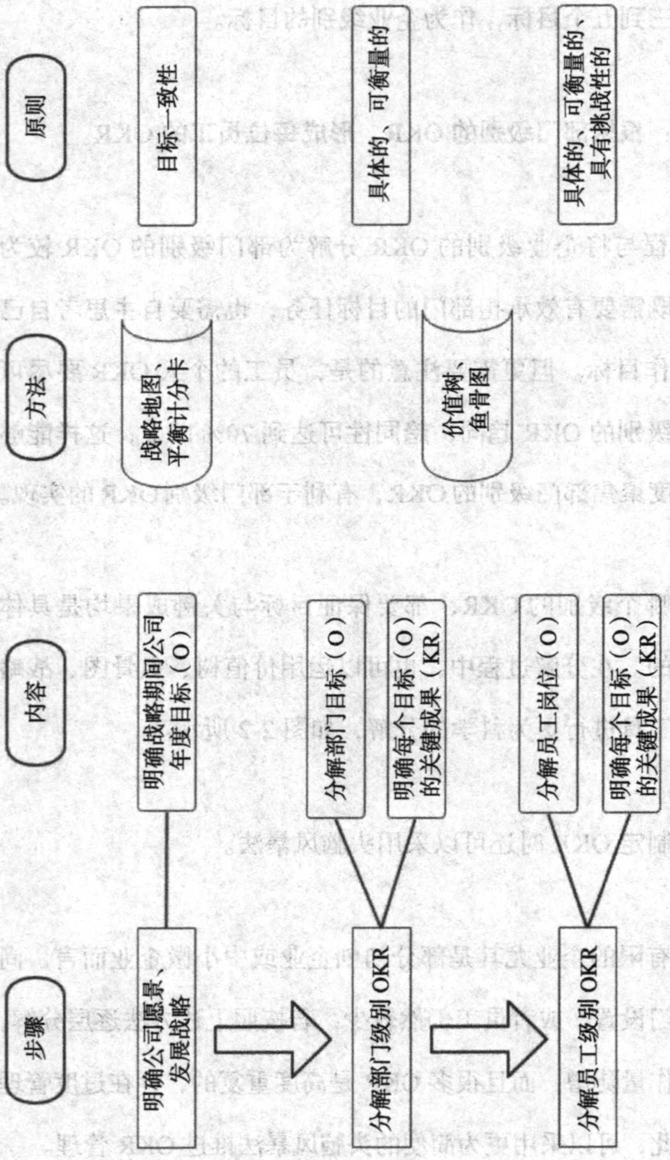
步骤
内容
方法
原则
明确公司愿景、发展战略
明确战略期间公司年度目标（O）
战略地图、平衡计分卡
目标一致性
分解部门级别 OKR
分解部门目标（O）
明确每个目标（O）的关键成果（KR）
价值树、鱼骨图
具体的、可衡量的
分解员工级别 OKR
分解员工岗位（O）
明确每个目标（O）的关键成果（KR）
具体的、可衡量的、具有挑战性的

图 2-2 OKR 的分解

企业管理者和员工一起探讨企业应该朝什么方向发展，以及在某个周期如一年或三年内实现什么目标；为了实现该目标大家需要做哪些工作，每位员工需要达到哪些目标，应该如何衡量与计算这些目标，其实现应该以完成哪些关键性工作为标志，等等。通过头脑风暴法主要明确两个问题：一是企业有哪些长远目标，在今年或其他周期内应该完成哪些关键成果；二是每位员工为了实现企业目标应该做哪些工作，达到怎样的目标，取得怎样的关键成果。通过回答这两个问题，最终按照上述原则完成设置优先级、限制数量、制定具体可衡量的标准等举措，形成企业和个人的 OKR。

管理者可在实施头脑风暴法前进行充分动员，对员工进行必要的培训。在讨论过程中需要充分激发员工参与的积极性，鼓励员工抛出更多的问题，而非追寻唯一的答案。在头脑风暴结束后，需要严谨地判断与审核结果，并与员工再次商讨，确定最后的 OKR。

最后，无论是采用哪种方式设置 OKR，都必须做到三点：一是员工全程积极参与，并且发表自己的看法与建议；二是每一个目标与关键成果均是具体的、可衡量的，并具有一定的时限性、挑战性和激励性；三是无论是哪个级别的 OKR，都要完全透明地公示和展示，确保每个人既了解企业级别的、部门级别的OKR，也知道自己的OKR，还知道其他人的OKR。

2．OKR的实施流程

OKR的实施过程同样重要。OKR实施流程的基本框架是根据企业战略设定目标（O）、明确关键成果（KR），并推进执行。其全流程管理如图2-3所示。

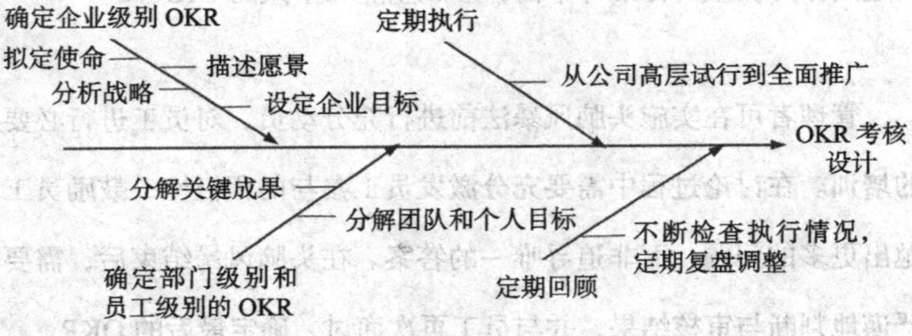

图2-3　OKR实施的全流程管理

为更好地实施OKR，企业可采用PDCA循环式进行管理。其中，“P”指计划（Plan），“D”指执行（Do），“C”指检查（Check），“A”指处理（Act）。

在 OKR 的计划（Plan）过程中需要做好四件事。**一是高层管理者的充分关注与投入**，企业管理者要高度投入到该项工作中，并持续关注 OKR 的全流程管理，确保 OKR 得以顺利实施。**二是人力资源部的宣贯与培训**，帮助员工认识到 OKR 是什么、需要做什么、做好这件事可以给企业与员工带来什么。**三是所有部门的投入与参与**，OKR 的重点在于全系统管理，因此所有部门都需要参与其中，制定或形成本部门的 OKR 管理计划。**四是鼓励所有员工发声**，如果目标是自上而下制定的，就失去了 OKR 的激励作用。只有员工主动参与到企业 OKR 的探讨之中，并通过左右的对标、上下的对比，形成自身的 OKR，OKR 才能真正被员工接受。

在 OKR 的执行（Do）过程中要做好三个层面的保障工作。**一是制度保障**，企业的制度、流程与文化要充分保障 OKR 的管理。从制度与流程来看，企业要设置完善的管理制度与通畅的管理流程，避免无意义的、无效的管理，尤其要通过大幅度削减低效管理行为的方式，鼓励员工主动作为。从文化来看，企业要建立容错机制，允许员工在不违反个人道德、职业道德的基础上，摸索企业创新的实现路径。**二是物质保障**，企业建立有竞争力的基本薪酬保障体系，确保员工在具备安全感的氛围中工作。依据马斯洛需求理论，只有员工解决了基本的生理需求与安全需求，并在工作中获得充分尊重时，才能更好地追求自我实现。**三是人力资源保障**，要引进和留住高素质人才，保持员工队伍结构的稳定。

OKR 并非确定之后一成不变，也不是等到目标完成之后才去检查，而是需要企业随时随地进行评估和讨论，尤其是企业的中高层管理人员需要在各种场合不断强化 OKR 的概念。企业或各部门还需要定期召开周例会，评估每位员工为了完成 OKR 做了哪些努力，OKR 达成的进度与路径是否按照既定目标而行，持续进行全过程管理，确保所有员工始终高度关注 OKR 的执行与达成。

在 OKR 的检查（Check）过程中，企业可每月召开审议会议，盘点 OKR 实现情况，根据 OKR 的推进情况与内外部环境的实际情况决定是否调整 OKR，或者针对如何更好地推进 OKR 管理进行讨论与商议，制定出更切实的举措，以期完成 OKR。除此之外，还可以召开季度评估会，评估 OKR 实现情况，对关键成果进行评级打分，确定完成的进度，并对下一季度的工作进行有效的规划。到了年底，可对 OKR 的完成情况进行复盘，对于尚未完成的 OKR，可以将其继续作为下一年度的 OKR 继续完成，也可以根据实际情况制定新的 OKR。对于 OKR 的检查，管理者需要做到以下三点：一是 OKR 目标与成果的复盘和检查是沟通而不是问责，目的是发现可能存在的问题、可以改进的工作，以及需要坚持或改变的方向；二是 OKR 的沟通是随时进行的，既要有每周的定期沟通，也要有日常的交流与检验；三是公开 OKR 的完成情况和实施进度，让公司所有员工能够更加清晰地认识到 OKR 的推进情况。

在 OKR 的处理（Act）过程中，除了复盘上一年度的 OKR 完成情况及企业的发展形势与要求，还需要设置新一年的 OKR。尽可能促使每一年度的 OKR 完成率达到 70%，这样既能激励员工，又能确保 OKR 的实际意义。除此之外，复盘 OKR 还可以发现企业管理中存在的具体问题，进而实现企业管理的良性循环。

3．制定和实施 OKR 的关键点与注意事项

制定 OKR 时需要注意的事项如表 2-1 所示。

表 2-1　制定 OKR 的注意事项

注意事项	说明
OKR 实质	OKR 是目标管理工具，而不是直接的考核工具

（续表）

注意事项	说明
数量控制	每级最多设置 5 个目标（O），每个目标（O）最多设置 4 个关键成果（KR）
动态管理	定期进行回顾和评价，对目标（O）的完成情况进行监控，适时调整关键成果（KR）
实施保障	高管支持；提供 OKR 培训；确保清晰的顶层设计
目标选定	使用标准一致的评判体系；定性目标而非定量目标；避免所有的 OKR 都是自下而上制定的
激励员工	发挥员工主动性，让员工为自己设定目标

一是目标要有挑战性。OKR 是目标管理工具，而不是直接的考核工具。OKR 可以帮助团队聚焦目标，提高执行效率，企业要打消员工疑虑，更多地关注团队目标的实现，鼓励员工设置更具挑战性的目标。因此，在设置 OKR 时，可以进行必要的培训，并明确 OKR 并非与奖惩直接关联。

二是目标设置的适度性。目标设置应遵守两个“3～5 原则”，即目标（O）设置 3～5 个为宜，4 个最佳。每个目标（O）对应的关键成果（KR）在 3 个左右为宜，一般在 3～5 个最好。同时注意筛选目标的重要性，避免目标过多导致不聚焦。

三是动态管理的合理性。OKR 可以根据实际完成情况等因素进行调整。OKR 的关键作用在于聚焦团队目标，因此需要定期对其进行监控和调整，对目标（O）的完成情况进行监控，如有必要可再适度调整关键成果（KR）。

四是实施保障的持续性。OKR 需要三个层次的保障工作：一是人力资源部做好人员培训工作；二是本部门要做好动态指标的公布与探讨；三是高管要高度关注目标实行。

五是目标设置的科学性。既要选择标准统一的评判体系，又要注意目标设置的科学性，并非所有目标都是需要企业高度关注的重要目标和核心目标。

六是员工发挥主动性。OKR 要充分发挥员工的主动性，激发员工思考自己的目标与行动，鼓励员工设置更具挑战性的目标。当然，企业也需要对员工目标进行适度调整，确保整体的协调性与科学性。

此外，要想更好地实现和完成 OKR，还需要把握以下几个关键点。

第一，领导关注。领导要具体关注三个层面：一是 OKR 的设置情况，二是 OKR 的完成进度，三是在完成 OKR 的基础上精准判断其对战略目标的影响与贡献，以使下一次设置目标时更为精准科学。

第二，定期沟通。OKR 不能设置完就束之高阁，而是要进行定期沟通讨论，通过 OKR 提升员工在工作过程中的表现。

第三，围绕核心。OKR 一定要聚焦企业发展的核心，而非求全责备。

第四，进度审核。随时关注 OKR 的完成情况，而非直到季度末才进行结果测评。

第五，具备挑战性。OKR 的目标一定是具有挑战性的，当然，也要是合理且可达成的。

第三节　如何应用 OKR

随着现代人力资源管理理论的兴起，OKR 的应用范围已经不再局限于考核，而是作为一种管理方式大规模应用于我国新兴行业与企业中。下面列举一些公司应用 OKR 的实际案例，供人力资源从业者参考。

1．某电商公司销售经理岗位 OKR

某电商公司成立一年多，亏损额已破百万元，经过一年多的努力，公司终于扭亏为盈。但随着公司员工增多，内部出现了很多问题，如员工需求得不到及时满足、公司目标无法具体衡量、员工很忙但没有产生实际业绩等，公司发展再度陷入止步不前的境地。为此，该公司为销售经理岗位引入 OKR 并进行绩效管理，销售经理的工作职责是帮助企业提升经营业绩并不断开拓市场。公司根据自身的愿景和使命，明确了“成为某细分领域的电商领航者”的目标，进一步制定了合理的年度目标和季度目标，并将其分解为若干关键成果，由销售经理负责分解任务并执行。某电商公司销售经理岗位 OKR 如表 2-2 所示。

表 2-2　某电商公司销售经理岗位 OKR

部门		电商部		
愿景		成为某细分领域的电商领航者		
战略目标（年度）		年度点击率达到 ××		
		年度成交额达到 ××		
		年度利润达到 ××		
考核计划表				
序号	目标（O）	关键成果（KR）	KR 权重	O 权重
1	季度点击率不低于 ××	广告投放及转化不低于 ××	20%	30%
		有效引流活动不少于 ××	30%	
		月度点击率不低于 ××	50%	

（续表）

考核计划表				
序号	目标（O）	关键成果（KR）	KR 权重	O 权重
2	季度成交额达到××万元	1月成交额达到××万元	30%	40%
		2月成交额达到××万元	30%	
		3月成交额达到××万元	40%	
3	季度利润额不低于××万元	季度运营成本不高于××万元	50%	30%
		季度获取利润不低于××万元	50%	

2．某培训公司销售主管岗位 OKR

某培训公司长期受销售额和销售效率问题掣肘。通过沟通和讨论，该公司识别出了制约业务发展的瓶颈问题，决定以月度为单位实施 OKR。该公司由销售主管负责统筹公司营销的各项事务，包括制订营销计划并组织实施，协助公司制定各个阶段的营销目标，组织和培训销售团队等。其目标包括完成公司季度销售额、市场开拓数量、让销售团队变得更有效率等，公司根据这些目标考核其关键成果。某培训公司销售主管岗位 OKR 如表 2-3 所示。

表 2-3　某培训公司销售主管岗位 OKR

序号	目标（O）	关键成果（KR）	KR 权重	O 权重
1	季度销售额达 300 万元	本季度新增客户 ×× 人	30%	60%
		每位销售经理销售 50 万元课程	30%	
		本季度跟踪老顾客 ×× 人	20%	
		与课程设计组每月开一次顾客满意度反馈会	20%	
2	让销售团队变得更有效率	本季度开展 3 次销售培训会	30%	40%
		本季度招聘 3 位销售经理	40%	
		本季度末位淘汰 1 位销售经理	30%	

3．某互联网公司运营主管岗位 OKR

某互联网公司主营软件开发业务，公司运营主管主要负责相关软件的开发、经营和运维，以及产品规划、订单的实时监控、产品的迭代优化及促进业务规模扩张等。该互联网公司对运营主管以月度为单位实施 OKR，制定了三个目标：一是月底保证每款新产品顺利完成优化，二是月底进入区域市场并在同类公司中排名前三，三是月底实时监控每款新产品订单并保持较高的顾客满意度。同时，该公司对每一个目标都匹配了相应的关键成果并进行绩效考核。某互联网公司运营主管岗位 OKR 如表 2-4 所示。

表 2-4　某互联网公司运营主管岗位 OKR

序号	目标（O）	关键成果（KR）	KR 权重	O 权重
1	月底保证每款新产品顺利完成优化	月中召开产品优化需求调研会	40%	40%
		完成产品新功能测试，保证其上架质量	40%	
		产品优化后，下载量达到 300 万次	20%	
2	月底进入区域市场并在同类公司中排名前三	月初策划产品推广活动	30%	30%
		月中在区域市场完成全面优化	30%	
		月底产品获得 200 万人次的点击量和超过 100 万次的下载量	40%	
3	月底实时监控每款新产品订单并保持较高的顾客满意度	月初保证上月新产品在一地区全面上架	40%	30%
		月中召开产品发布会，至少保证 5 家媒体到场报道	30%	
		月底至少保证 500 万次的下载量，同时开展顾客满意度调查	30%	

第三章

不要说 MBO 太简单

MBO（Management by Objective）即目标管理法，由管理学家德鲁克于 20 世纪 50 年代提出，是指由企业领导层制定的一定时期内企业期望达到的总目标，然后由各部门和全体员工根据总目标的要求，制定各自的分目标，并实现这些目标的管理方法。

第一节　什么是 MBO

MBO 是结果导向型的绩效管理方式。一方面，MBO 强调完成目标，强调结果导向；另一方面，MBO 重视员工的作用，强调员工应参与目标完成的全过程。

1．MBO 的内在逻辑

MBO 中的“O”（Objective）是企业与员工共同商议确定的目标，是在一定时期内组织活动的期望成果，既是组织使命在一定时期内的具体化，也是衡量组织活动有效性的标准。目标管理法的内在逻辑是通过员工目标的制定、执行、评估与反馈、改进四个方面，完成员工个人的发展目标，最终达到企业的管理目标。目标管理法既是针对结果的管理，也是针对员工的管理，因此其应用范围较为广泛。其内在逻辑如图3-1所示。

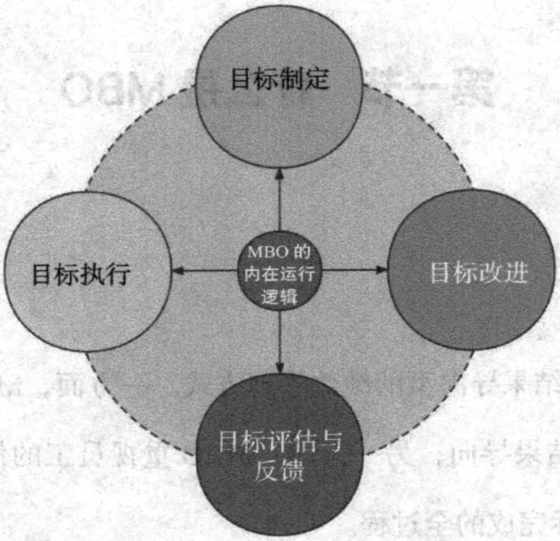

图3-1　MBO的内在逻辑

（1）目标制定

企业实施MBO的第一步是目标制定，这也是MBO内在逻辑的核心环节。任何一家公司实施MBO，都要先保证公司和部门及相应的岗位有清晰的目标，且每一层级、每一岗位的目标关注点各有侧重，高层管理者关注价值结果，中层管理者关注任务结果，基层员工关注行为结果。目标制定要遵循 SMART 原则，其中，S（Specific）代表具体，M（Measurable）代表可衡量，A（Attainable）代表可达到，R（Relevant）代表具有相关性，T（Time-bound）代表有截止时间。只有制定清晰的目标，才能进行更好的管理。

（2）目标执行

企业实施 MBO 的第二步是目标执行，这也是保证目标落地的关键步骤。目标管理是一种自我管理方法，目标执行主要由目标制定者完成，但这并不意味着管理者在目标执行过程中完全处于旁观者的位置，而是应该为下属提供帮助，同时，企业还须建立一套制度来保证目标得到切实执行。首先，下属要了解整体目标、部门目标和个人目标；其次，上级应该协助下属执行目标；最后，为保证目标执行，需要落实目标执行者的责任，并安排专人督导目标执行。

(3) 目标评估与反馈

企业实施 MBO 的第三步是目标评估与反馈，这也是评价目标完成情况的重要环节。对员工的目标完成情况进行评估与反馈，可以为下一步的目标改进做好准备、提供依据。

(4) 目标改进

企业实施 MBO 的第四步是目标改进，这也是绩效水平提升和岗位任职者能力发展的有力保障。不论目标是否达成，都可以进行目标改进。

2. MBO 的特点

MBO 具有以下几个特点。

(1) 目标明确清晰

MBO 所说的目标，通常是量化指标，要尽量符合 SMART 原则，即目标必须是具体的、可衡量的、可达到的、与其他目标具有一定相关性的、有截止时间的。目标切忌模糊不清或不宜测量。

（2）各级充分参与

与传统企业中上级向下级直接下达命令、传达任务不同，MBO 强调让下级参与到目标的制定过程中，这既是组织目标信息的传导，也是与员工一起为其个人职业发展进行规划。通过上下级协商的方式，让上级和下级共同制定企业整体、业务单位、经营单位、部门、个人等各层级的目标，进而为目标的长效管理奠定基础。

（3）拥有具体时限

MBO 中的每项目标都有时限的要求。目标期限可以是一个月、一个季度、半年或一年等。MBO 更倾向于短期目标，即在某个具体周期里可达成的目标。

（4）全过程目标管理

虽然 MBO 与 KPI 有很多相似之处，但 KPI 有两个核心要点，一是强调指标的关键性，二是更注重结果。这两个方面也成了 MBO 与 KPI 最核心的差异。MBO 并非仅关注结果，而是强调员工的成长，做的是全过程目标管理。MBO 强调员工的上级领导和员工一起进行定期检查，评估目标的完成情况，并持续将结果反馈给员工。在整个过程中，上级领导要持续引导员工自己评价预先设定好的目标，鼓励员工自我发展，激发员工的内生动力。

3．MBO 的优缺点

总体来说，MBO 拥有以下优点。

（1）考核更趋客观公正，便于激励

目标管理的标准是某个量化指标的完成情况，因此，考核的目的更加精准，避免了定性因素的影响，能够促使员工清晰地认识到自己奋斗的方向与工作中的不足，能够避免考核中可能出现的不公与偏见。

（2）强调员工参与，调动员工积极性

MBO 着重强调管理者与员工共同制定目标，能够充分激发员工思考自己的工作目标甚至自己的职业生涯，可以帮助员工明确前进方向与目标。

（3）以员工目标为导向进行管理

作为一种偏重于结果的考核，在不断督促员工按照既定计划完成自己的目标的同时，也通过各自目标的达成，实现了企业的发展目标。

与此同时，MBO 也存在一定的缺点。

（1）容易产生考核偏差，重结果而轻过程

很多管理者并未掌握 MBO 的沟通精要，只是单向地给员工下达指标，待考核期满后找员工要指标，这样就会导致考核出现偏差，变成了只注重结果，而忽略了对员工完成目标过程的监督与帮扶，失去了目标管理原本的意义。

（2）倾向于短期目标，对企业长期发展鞭长莫及

目标管理对短期目标更加有效，这在企业实现短期目标方面是有利的。这也会导致企业的目标管理工作缺乏长远规划，忽视长远

发展，鼓励员工追逐短期效益。

（3）对员工的动机做了相对乐观的假设

目标管理假定所有员工均具有较强的发展动力，每位员工都是高度自觉的。但在实际工作中，不可避免地会出现部分员工缺乏这样的动力。有些员工在制定和执行目标的时候会得过且过，这会导致目标管理失去其应有的作用。

4．MBO 的适用企业及场景

从成长周期的角度来说，MBO 比较适用于处于成长期的公司。在这一时期，公司规模迅速扩张，经营目标日益明确，逐渐形成了清晰的战略。此时公司通过目标管理可以统一各部门的目标，提高工作业绩。

从岗位的角度来说，MBO 比较适用于强调工作成绩、重视工作结果的岗位，适用于对工作独立性较强的人员进行考评，如管理人员、专业技术人员及销售人员等。从事常规工作的员工如流水线工人就不适用于目标管理法。

从行业的角度来说，MBO 比较适合销售贸易类、零售批发类、外贸进出口类等行业。

从工作性质的角度来说，MBO 比较适合产品销售类、市场开发类、业务拓展类等工作。

第二节　如何制定 MBO

MBO 以行为科学为中心，当目标达成时，人就会设定更高的目标，从而促成其自动自发地工作。MBO 从制定到完成，都需要上级的充分授权和下属的自我控制。

1．制定 MBO 的步骤

MBO 属于结果导向型的考核方法。在 MBO 考核管理设计上，可按照以下步骤实施。

（1）深入了解企业战略。

（2）分配和制定组织的主要目标。

（3）将组织目标逐级分解为对应部门的具体目标。

（4）各部门员工参与设定自己的具体目标。

（5）商定实现目标的行动计划。

（6）实施行动计划。

（7）定期检查目标实现情况，并及时反馈。

（8）根据绩效奖优罚劣。

MBO 的制定步骤如图 3-2 所示。

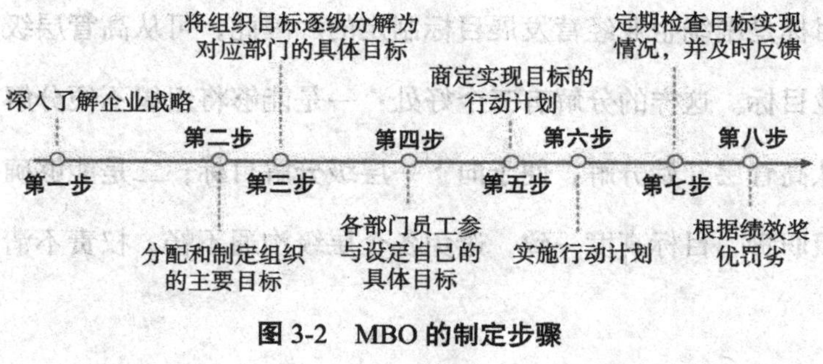

图 3-2　MBO 的制定步骤

2．MBO 的实施流程

按照以下流程，企业可将 MBO 的考核实施分为四个部分，再根据自身实际情况做具体分解。

（1）做好目标设置

目标设置可以从三个方向逐层分解。第一个方向是以组织为单位进行层层分解，按照企业年度目标、部门年度目标到个人年度目标、个人季度目标等进行逐层分解。该指标分解方式最为常见，其优势在于可以更加清晰明了地将组织目标与员工工作进行充分衔接，确保员工的工作目标与企业的工作目标保持高度一致，有助于保证目标的精准性，但劣势是部分指标难以分解，或者难以做到完全清晰有序地分解。

第二个方向是按照岗位层级进行分解。所有企业高管必须达成的目标是围绕企业经营发展目标制定的。因此，可从高管层级分解企业目标。这样的分解有三个好处：一是能够将组织不便分解的指标从高管层开始分解，便于向下一层级分解目标；二是能够确保上下级职责、目标高度一致，避免各个层级沟通不畅、权责不清；三是能够确保目标在分解时足够有力，使上下级目标保持较高的关联度，确保下级充分重视，上级随时监督。

分解目标时可以采用自上而下的一对一沟通或开会的形式进行集中沟通。一对一的目标分解，可由上一层级管理者草拟具体的方案，再就该方案与员工进行沟通，对个别目标进行增删修改，这样做能够确保每个人的目标更加精准，也能提升员工的重视程度。该办法适用于层级较高（如高管与部门经理之间），或部门内部人数较少的情况。一对多的沟通则可以通过召开研讨会、座谈会的形式，集中进行目标分解。可以先在会议上讲述目标分解的原则，并制定目标的初步分解方案，再由每个员工拟定具体的细节，之后由其主管领导审核方案。该方法的效率较高，便于员工之间做横向对比，但容易忽视员工的个人感受。

第三个方向是基于企业的年度目标与个人的岗位说明书制定目标。每个人的工作目标不应与岗位说明书有重大偏差，因为员工工作目标的核心就是自己需要达成的目标。在这种情况下，可以对照员工的岗位说明书，结合企业的目标，首先对目标项进行一一对应，进行目标项的增删，其次对照企业目标的标准，对每个具体的目标设置相应的标准。

在设置目标时，除了目标本身，还需要确定三个信息。一是具体的目标标准及对应的目标计算方式。标准及计算方式都是固定的，如果随意变更目标标准，就会降低目标制定的严肃性与权威性。因此，除非企业内外部环境发生重大改变，影响了目标达成的先决条件，否则任何人不可对目标进行修改。二是在制定目标时要明确完成该目标所需的支持或资源，即在制定目标时要充分考虑完成该目标的各项前提条件，如需获取的资源、需排除的阻碍、需获得的制度及文化的支持等。尤其是上级主管需要对各项资源的提供、环境的保障等提出具体计划，确保该目标能够完成。三是在制定目标时，需要明确目标达成后员工可获得的奖励，以及目标未达成受到的惩罚。

（2）关注目标的实现，帮助员工完成既定目标

MBO 并非只是制定目标，在制定目标后，还要关注目标的实现，在此过程中，主管领导要不断跟进目标达成的过程。管理者可以通过以下三种方式，确保有效跟进信息。

一是建立定期的报表制度。为了提高绩效管理效率，目标管理工作可以建立定期填写报表的制度。例如，以季度为周期考核时，可以在每个月填写报表，要求员工将个人指标完成情况进行梳理与自评，并填写完成的进度、情况等信息。员工还需要在报表中填写目前遇到的困难、所需解决的问题等。对应的部门主管需要对该报表进行及时回复，回复时间一般不超过三天。报表制度不仅可以提高管理效率，也便于形成过程资料，而且有利于长期的目标管理与跟踪。

二是定期召开绩效推进会。即通过会议的形式进行集中汇报，对各自的目标实现情况进行细致的梳理与汇报。同时，主管对于自己不了解的部分，可以在会上进行提问；对于员工需要支持的部分，也可以在会上进行解答。召开绩效推进会不仅能提高管理效率，而且便于员工相互对比，在了解自身目标完成情况的同时营造良好的“比学赶超”的竞争氛围。

三是开展过程绩效面谈活动。绩效面谈既可以是领导导向的，也可以是员工导向的，还可以是人力资源部主导的。开展过程绩效面谈的关键在于及时灵活地解决员工面临的困难。所以在员工端，应鼓励员工通过不定时、非正式的形式，主动与自己的主管领导反馈目标完成情况及需要得到的支持；部门主管或企业高管则需要在合适的时机了解员工的目标完成情况；人力资源部则可以定期组织目标沟通会或目标座谈活动，更加清晰地了解员工目标完成情况，并做好信息的传达与沟通工作。

（3）测定与评价目标

一般而言，目标的测定与评价可采用以下三种方式。

一是自下而上地主动对目标完成情况进行自评，再由上级领导就自评情况进行审核。在自评上，首先需要员工所在部门或人力资源部制定统一的员工目标完成自评表格，自评表格至少包含目标是否完成、完成比例与进度、未完成的情况说明等基本项；员工根据自身情况进行填报，除了填报具体的完成情况，还需要附上目标完成的证明。最后企业根据员工提供的信息进行审定和排名。这种方式便于员工进行复盘，也能够提高统计效率。

二是自上而下进行评价。很多时候，员工的目标是基于上一级目标的分解，因此，部门主管对员工的目标完成情况应有充分细致的了解。在评定过程中，需要注意评定目标的公开透明，并在评定后进行公示，确保及时发现缺漏项并尽快改正。

三是人力资源部统一测评。人力资源部建立统一标准量表，并统一收集资料。收集信息除了可以采用前文所述的观察法、访谈法，还可以采用向员工收集资料进行审核并由相应高管复核的方式。该方式能使考核结果更有公信力与权威性。

（4）进行绩效分析，制定新一轮工作目标

在成绩测评结束后，按照目标完成情况进行奖惩。在 MBO 考核中，不同的目标所占的权重不同，即便员工未能完成所有目标，也可以通过不同的目标完成情况获得相应的权重。如员工的绩效较差，既有可能是因为所有目标完成情况不佳，也有可能是部分权重更大的目标未完成。通过分析原因、总结教训，管理者应帮助员工找到核心问题，提出具体举措，必要时，也需衡量目标本身的合理性。管理者在帮助员工分析目标的完成情况时，既要针对员工个人的努力程度、能力高低、工作效率等进行评估与复盘，也要对外部环境、内部环境、工作流程、制度支撑、企业文化、部门管理等可能影响目标完成的因素进行分析，并尽可能正确判断内外部环境对其产生影响的大小。这样做一方面有助于员工工作效率与产出的提升和改进，另一方面有助于企业管理流程和制度的不断完善与进步，最终促进企业与员工的共同进步、同频发展。

该阶段完成后，就要开启新一阶段的目标设定与考核。在新一轮的考核中，主要通过以下四种方式进行目标制定。

第一种是各种目标不变。例如，某企业某一年度以季度为考核周期，无论前两个季度的目标完成情况如何，各个季度的既定指标均保持不变，企业仅在每季度的考核后对员工进行绩效辅导，帮助员工分析上季度目标的完成情况及原因，并尽可能确保员工在下个季度能够完成目标。这样做的好处是便于执行落实，也能做到相对公平，无论员工是否完成目标，均有较长时间内恒定的目标。

第二种是目标按照最新的内外部形势与环境进行适度浮动。企业的内外部环境瞬息万变，企业的发展目标也会受到各种因素的影响。这种变化既包含积极的变化，如市场释放出大幅度利好，也包含消极的变化，如因政策等因素导致客户大幅度减少。企业可以根据变化情况对部门与员工的目标进行适度的上浮或削减。但这仅适用于企业内外部环境出现重大改变时，正常的企业经营波峰与波谷不能成为改变目标的原因。

第三种是在员工上一考核周期的基础上对目标进行适度修正。每个考核周期结束后，管理者要针对员工工作的完成情况评估其个人的能力，预判其下个季度目标的完成情况。不排除在某些情况下，对员工下达的指标要高于员工的既定能力。但目标标准不能无故降低，而是需要明确测算出目标本身的不合理。否则，员工不仅达不到既定目标，还需要接受不合理的惩处。

第四种是针对企业的要求与情况，对部分目标进行增删。第二种方式与第三种方式是针对目标标准所做的调整，第四种方式则是针对目标本身，即考核周期结束后，需要衡量在新的发展态势下，有没有个别目标需要增删，以及对应目标在考核中所占权重的改变。第四种方式可与前三种方式结合应用，但在应用上需要慎重，不能随意更改目标及目标标准，要确保目标的完整性、系统性与权威性。增删目标时，不要无度增加目标，否则就会导致目标失衡，要尽量做到目标总量的均衡与稳定。

此外，企业也可以针对不同时期的管理侧重点对不同目标的权重进行适度调整，以实现对不同目标的关注程度的调整。每一轮考核结束后，如有目标本身或目标标准进行更改，则需要进行重新审定，审定工作由人力资源部请示相关领导后开展，审定后需要重新向员工交底。MBO 实施的全流程管理如图 3-3 所示。

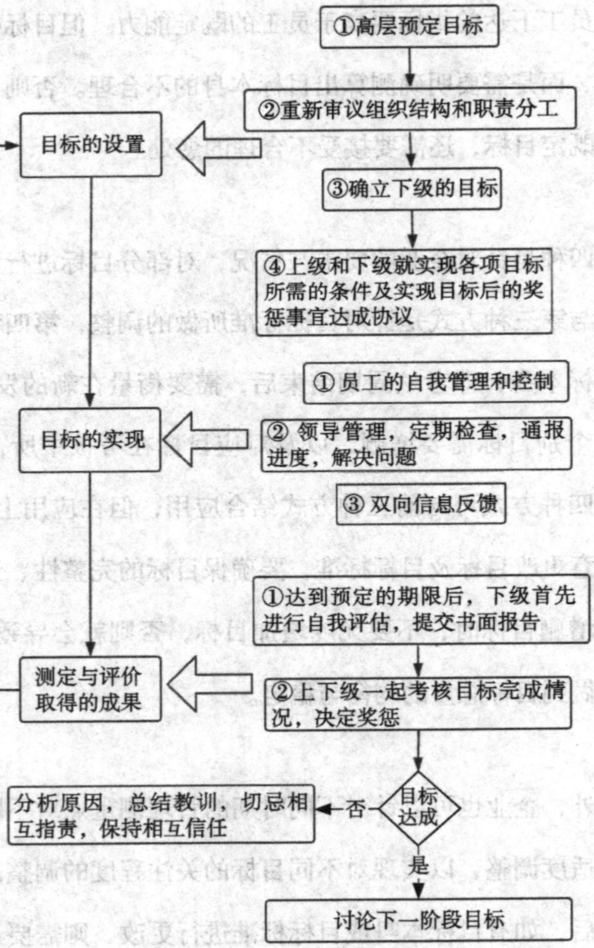

图 3-3　MBO 实施的全流程管理

3．制定和实施 MBO 的关键点与注意事项

制定 MBO 需要遵循 SMART 原则，具体如表 3-1 所示。

表 3-1　制定 MBO 时遵循的 SMART 原则

具体性原则	目标应当具体、清晰明确，有特定性，维度相对多元，让考核者与被考核者都能够准确理解目标
可度量原则	目标可以被测量、量化，要采用相同的标准进行准确衡量
可实现原则	目标通过努力可以达到，目标不能偏低和偏高，要考虑目标达成的条件
关联性原则	部门之间、同部门不同岗位之间的目标应相互关联
时限性原则	目标在一定时限内完成

此外，在实施 MBO 的过程中，还需要关注以下事项。

一是协调好自我激励与充分授权。企业应关注如何激发员工的高成就感和动机，而非控制员工的行为，要鼓励员工在企业战略目标的基础上，为自己设置更合理的、更具挑战性的目标。管理者要注意避免说教式的沟通，而要做到充分授权。

二是协调好个人目标与团队工作。个人目标与团队工作要在组织和个人之间达成高度一致，与此同时团队工作要为个人目标的实

现提供充分的支持，员工只有获得了外部支持，才能更加顺利地达成个人目标。管理者在制定目标时要注意目标的科学性，在设置目标标准时要注意目标的可行性。

三是协调好员工自我管理与企业管理。一方面需要充分激励员工做好自我管理，有足够的成就动机；另一方面需要管理者与员工之间、员工与员工之间进行高频次沟通，实现及时准确的信息交互，确保目标达成过程不产生偏差。

四是协调好目标测评的公平性与隐私性。既要提高目标测评的公平性，也要区分部分个人目标是否有必要完全公开。

五是处理好上阶段目标反馈与下阶段目标制定。目标管理是动态管理，管理者要针对员工的目标完成情况进行反馈，注意与员工共同分析没有完成目标的原因，并基于企业的要求、部门的标准及上阶段目标的达成情况重新制定下阶段目标，确保员工能够获得持久的目标激励。

第三节　如何应用 MBO

运用 MBO 进行目标设计时应以便于执行为原则，无须太过复杂，目标数量不宜过多。在目标表格设计上，要特别注明目标标准及完成时间。下面列举一些公司应用 MBO 的实际案例，供人力资源从业者参考。

1．某互联网公司采购经理 MBO

采购经理是指企业中负责采购物料、设备的个体。互联网公司采购经理的岗位职责如下：

（1）负责 IT 综合品类的相关采购工作，熟悉采购工作和流程，包括需求管理、供应商寻源、招投标、询比价、商务谈判、合同等；

（2）根据采购需求制定相关品类的采购策略和计划，并进行有效的内外部沟通；

（3）负责相关品类的国内或海外供应商寻源、供应商管理、招采过程管理、合同签订、订单跟踪等工作；

（4）负责整理采购台账，制作周报、月报、年报等采购数据报表；

（5）达成采购成本、交付等工作目标。

例如，某互联网公司已经拥有一定规模的线下零售业务，目前采取集中采购、分仓储存策略，公司采购部门的工作质量直接影响产品的价格和利润。为尽可能降低采购成本，该公司通过 IT 产品采购成本降低率、IT 产品损耗率等目标考核采购经理。该互联网公司采购经理 MBO 如表 3-2 所示。

表 3-2 某互联网公司采购经理 MBO

序号	工作目标	具体行动计划	权重（%）	分数
1	采购成本降低率		40	
2	产品损耗率		20	
3	平均采购时限		10	
4	采购产品合格率		30	
总计			100	

2．某公司人力资源经理 MBO

人力资源经理是指人力资源部门的管理者。其岗位职责如下：

（1）参与制订人力资源部年度工作规划及重点工作计划，并根据人力资源部年度整体工作目标和计划制订招聘、培训年度、季度、月度工作目标和计划，经批准后组织实施；

（2）全面负责人力资源部的工作，掌握业务范围，制订本部门的工作计划，定期召开例会，布置、检查、总结工作；

（3）组织制定、修改、充实各项规章制度，做到管理规范化、科学化。

例如，某公司是一家以研发新能源电池板为主营业务的中型民营企业，在实行目标管理之前，公司领导层认为人力资源部的作用未能得到有效发挥，导致企业出现上下级沟通不畅、员工离职情况增多等现象。为此，该公司基于招聘员工数量、员工离职率等目标考核人力资源经理，该公司人力资源经理 MBO 如表 3-3 所示。

表 3-3 某公司人力资源经理 MBO

序号	工作目标	具体行动计划	权重（%）	分数
1	招聘员工数量		30	
2	员工离职率		30	
3	员工人均效能		20	
4	员工培训次数		10	
5	员工工作满意度		10	
总计			100	

3．某公司财务总监 MBO

某公司随着自身经营业务和组织规模的扩大，采取了向下属子公司委派财务总监的方式实施财务控制工作，以总公司财务制度执行、投融资管理、日常财务管理、财务分析等为目标对财务总监实施考核，该公司财务总监 MBO 如表 3-4 所示。

表 3-4 某公司财务总监 MBO

序号	工作目标	具体行动计划	权重（%）	分数
1	财务制度执行		40	
2	投融资管理		20	
3	日常财务管理		20	
4	企业合规性管理		10	
5	税务管理		10	
总计			100	

第四章 崇尚长期主义的 BSC 考核

BSC（Balanced Score Card）即平衡计分卡，是由哈佛商学院教授罗伯特·卡普兰与诺朗诺顿研究所所长、复兴全球战略集团创始人戴维·诺顿于20世纪90年代创建的。BSC考核更加关注企业的平衡发展和长期稳健发展，对战略的关注要高于对个人的关注。当前，BSC被广泛应用于企业管理的各个领域。

第一节　什么是 BSC

BSC 是用来权衡企业长期可持续发展与当前发展情况的一个管理工具，通过多元的考核评价体系，平衡企业的当前收益与长远发展。其核心思想是从学习与成长、内部流程、客户、财务指标四个方面建立相应的目标，将企业的战略转化为企业的行动。可以说，平衡计分卡是一种在整合企业的战略目标和平衡绩效度量的基础上抓住关键因素，监控计划执行进度和揭示将来绩效目标的管理系统。

1. BSC 的内在逻辑

平衡计分卡提供了一个全面的衡量体系，该体系从下至上分别为学习与成长、内部流程、客户、财务指标。如果企业可以高质量地完成上述四个维度的指标，就可以高效达成战略目标。反之，如果这四个维度仅有某一维度优秀或达标，则难以支撑企业的整体发展。这四个维度既是高度围绕企业战略的，又是相互影响、彼此支撑的，共同构筑了企业发展的生态圈，决定了企业发展的上限、速度与质量。

BSC 的内在逻辑如图 4-1 所示。

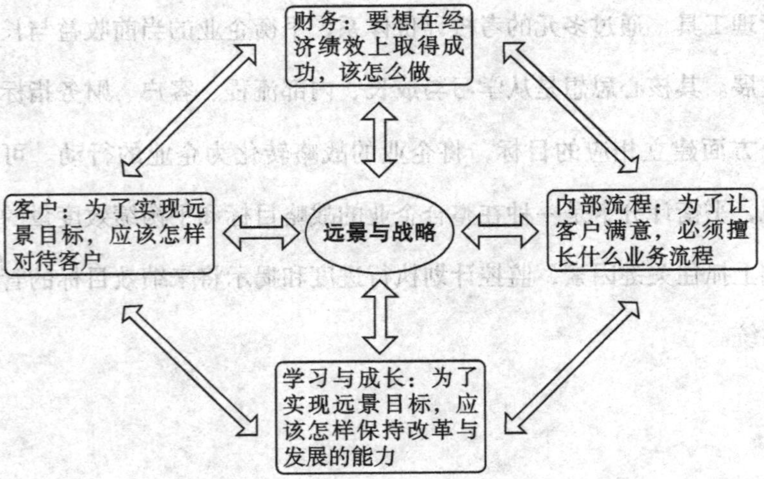

图 4-1　BSC 的内在逻辑

具体来说，上述四个维度的具体含义如下。

财务维度主要解决两个问题：一是对于大型上市企业来说，财务业绩指标可以显示企业的战略及其实施是否对改善企业盈利做出贡献，二是对国内大多数企业来说，可以理解为财务维度能够解决企业到底实现怎样的发展这一问题。企业的发展速度、效率与质量见仁见智，但无论是什么结论，都是通过财务指标体现的。传统的财务指标包括利润、资产利用率、百元成本占用率、资产负债率等。业态不同，财务指标的侧重点会有较大的不同。但总体来说，财务指标重点阐述了企业干了多少活（营业收入）、挣了多少钱（利润）、负债有多少、资产有多少、资产的流动性如何、现金流如何等。一言以蔽之，因为财务指标能够阐释企业的发展规模、发展效益、发展速度与发展质量，所以财务指标的达成就相当于企业战略目标的达成。通过财务维度的考核，可以反映企业战略目标的达成情况。故而，财务维度处于四个维度的最上层，也是其他三个维度考核的最终结果。当然，财务维度的指标通常是滞后性指标，呈现的是结果而非过程。

客户维度重点解决一个问题，即客户如何看待自己。客户的评价与满意度意味着企业是否具有长期稳固的收益。企业的产品与服务最终都是面向客户、服务客户的。因此企业的产品与服务是否优质，并非由企业做出评判，而是出自客户的判断。只有让客户越来越满意并愿意继续为企业的产品与服务付费，企业发展与效益产生才具备基础条件。所以，客户维度一方面代表客户对企业的产品和服务是否认可，另一方面使管理者能够根据客户认可情况适时调整市场战略，从而创造出色的财务回报。客户维度通常考核客户满意度、客户保有量、客户忠诚度、市场占有率等。

只有高效、先进、迅速的内部流程才能确保企业的生产效率足够高、产出足够快、产品质量足够好，也才能确保企业有内在的发展动力以及较快的市场反应速度和过程纠偏速度。内部流程维度考核往往集中于企业在产品的产出、研发、销售、售后服务等全流程管理上如何提升客户的满意度，进而促成企业效益的转化。一般来说，内部流程维度的指标是超前指标。

企业要想达成长期可持续的发展，需要有强有力的人力资源作为支撑。所有的战略目标都需要通过不断提升员工能力水平来实现。只有打造一支优秀的员工队伍，才能不断优化企业的管控水平与能力。因此，学习与成长维度考核的往往是员工满意度、员工离职率、人均的培训时间等指标。需要明确的是，学习与成长维度的指标也是超前指标，它既是四个维度中的最底层维度，也是最基础的维度。

BSC四个维度的关注点如表4-1所示。

表4-1　BSC四个维度的关注点

财务维度	股东如何看待我们，企业实现怎样的发展	**重要经营绩效：** 战略期望的财务结果、收入增长、成本降低、生产率提高、资产利用和投资战略
内部流程维度	企业擅长什么	**满足客户需求的核心流程：** 产品开发、产品生产、产品销售、售后服务、产品质量、创新程度
客户维度	客户如何看待我们	**客户细分：** 谁是客户，价值定位，市场份额，如何知道客户是否满意，客户获得、保留、满意，带来最大利润的客户
学习与成长维度	企业能否持续进步	**必须具备的能力与条件：** 领导力、核心胜任力、知识资产、信息与技术、工作环境、企业文化、员工满意度、员工培训、员工职业发展

通过表4-1，可以发现四个维度之间是紧密相连、相互作用的，

具有明显的逻辑关系。即企业只有拥有高素质团队，并推动团队不断学习与成长，才能不断提升内部流程管控，提高企业产品与服务的竞争力，进而获得客户的满意与认可，最终达成企业的战略目标。企业战略目标的实现，又需要更多高素质员工的支撑，进而继续提升企业内部管理的效率与质量，从而形成良性的管理循环与可持续的发展战略。在这个过程中，四个维度相互作用、互为表里，每一个维度都不可或缺。每个维度代表的方向又很好地涵盖了企业管理的所有方向。对多个维度的关注与推进，可以使企业发展持续保持在战略主线上，最终实现长期稳健发展。

2．BSC 的特点

总体来说，好的 BSC 绩效指标需要具备以下特点。

一是对战略目标有明显的支撑作用。BSC 绩效指标要能充分反映企业战略的达成情况，以及企业发展的速度、质量与进度。每个指标都会对企业的战略发展产生相应的影响。

二是被组织熟知和认可。企业员工既了解该指标的具体含义，也认可该指标的重要意义，还熟悉该指标的计算与衡量方式，知道达成该指标的基本要求与路径。

三是指标之间存在较强的逻辑关系。各个维度的各个指标之间存在较大的关联性，能够共同构筑考核企业发展情况的管理网络。

3．BSC 的优缺点

BSC 主要有以下三个方面的优点。

一是有助于整个组织行动一致，把企业的战略目标落实到具体行动中，实现组织战略。BSC 将战略解码为企业管理每个环节下的具体行动，促使企业战略能够更加迅速地落地。加之该考核不再局限于传统的财务类指标，不再紧盯企业当前的年度目标或某一类指标的完成，而是创造性地关注多维度指标，通过对四个维度指标的考核，解决了以下三个问题。首先，通过兼顾结果型指标和过程型指标，兼顾滞后性指标与前瞻性指标，能够系统、全方位地对企业的生产经营状况做出科学的评价与分析。其次，BSC 也关注定性指标与定量指标的双重评判（例如，财务维度更容易通过定量指标来考核，客户维度则更容易通过定性指标来考核），能够更加科学完善的对企业的各个管理流程与发展情况进行评判。最后，BSC 通过内外部、各个维度绩效的平衡，既能反观自省，也能面向客户开展考核，兼顾了自身的发展收益与客户评价，既关注了企业的发展状况，也关注了员工的个人发展情况，从而确保企业真正具有战略视野与眼光，实现长远发展。

二是 BSC 使财务维度不再作为唯一衡量工具，而是做到了多方面的平衡。BSC 包含财务因素和非财务因素、外部客户因素和内部员工因素、短期效益因素和长期利益因素。这些因素保障了 BSC 多方面、多维度的平衡。

三是有利于组织与员工的学习成长和核心能力的培养。BSC 能够帮助员工更加熟练地掌握相应技能，不断提升个人能力与综合素质。学习与成长维度的考核可以促使企业帮助员工实现自主成长，为员工创建良好的管理环境与流程氛围，帮助员工实现自我价值、提升个人能力。

BSC 着眼于多元结果的优点也意味着其带来了巨大的管理压力，因此，BSC 的实施在以下几个方面具有一定的门槛与难度。

一是 BSC 实施难度相对较大。无论是分解企业战略，还是对四个维度指标的设置及过程管理，均需要付出较多的时间和精力。同时需要员工对这些指标有着清晰的认识与理解，进而付出实际行动，因此实施 BSC 对员工素质与企业管理成熟度提出了较高的要求。

二是 BSC 指标建立过程较复杂。除了实施难度较大，BSC 指标体系的建立过程也较为复杂，同时在指标权重分配上的协调难度也较大，复杂的流程体系往往意味着过程与结果存在一定的不确定性，这会影响整个考核的稳定性。

三是 BSC 没有明确体现实现岗位目标需要什么条件。BSC 更适用于将工作要求与考核指标传达至部门，而非传达到个人。如果将考核指标落实到具体员工身上，BSC 往往鞭长莫及。

综上，并非所有企业都适合运用 BSC 进行组织绩效考核，BSC 更加适用于集团型的大型企业，尤其是有明确的财务指标要求或发展指标，具备清晰的战略定位与发展目标，同时具有良好管理基础与成熟管控流程，已经形成较为成熟的员工梯队的企业。这样的企业应用 BSC 能够产生较好的效果，同时也能真正将 BSC 落到实处。相反，如果企业规模有限或者尚未建立成熟的员工队伍，战略发展方向仍在摸索之中，就需要慎重考虑应用 BSC 的必要性。

4．BSC 的适用企业及场景

原则上，BSC 的适用面很广，适用于任何组织，但实际上，BSC 更适用于如下企业。

首先，BSC 适用于正在转型的企业。这类企业可以利用 BSC 实现传统业务与新业务的衔接，从而更好地实现业务融合。

其次，BSC 适用于需要绩效改善的企业。对绩效相对较差的企业来说，BSC 可以作为衡量绩效的有效方式。

最后，BSC 适用于管理升级的企业。一些绩效管理水平较差的行业可以把 BSC 作为落实战略的工具。

第二节 如何制定BSC

1．BSC的步骤

BSC的主要步骤如表4-2所示。

表4-2 BSC的主要步骤

主要步骤		注意事项
第一步	培训企业的高层管理人员，使其承担相应的职责	统一认识、了解要求、承担责任，与BSC项目团队交流进度，反馈意见
第二步	组建一个小型BSC项目团队	由2～4个经验丰富的员工构成，每个部门指定一位联络人

（续表）

主要步骤		注意事项
第三步	重新审视、明确企业的战略目标	BSC 的实施始终强调关注组织战略目标的实现
第四步	关注关键成果领域，并从企业发展的需求出发确定 BSC 的维度	根据企业的发展阶段、竞争环境和行业特征确定 BSC 的维度
第五步	从 BSC 的角度出发选定关键绩效指标	每个角度的关键绩效指标一般不超过 5 个，应同时采用驱动绩效指标与结果绩效指标
第六步	为关键绩效指标建立具体的绩效目标	例如，销售增长率达到 8%，员工流失率低于 2%
第七步	开始行动	在实施时通常需要借助外部专家的力量

2．BSC 的实施流程

企业可以按照以下流程实施 BSC。

第一步是通过清晰的战略分析明确企业战略，为企业的发展确立合理的目标。

企业可运用 SWOT 分析法、波士顿矩阵等进行战略分析，重点明确三个问题，即企业当前的位置、企业想达到的目标，以及企业为了达成该目标需要制定的发展策略。

首先，针对企业当前的位置，可以做一次企业自身情况盘点。重点是通过对当前的市场规模、营业收入、净利润、负债率、人力资源情况、总资产等进行盘点，分别建立人力资源维度、现金流及资本资产维度、经营质量维度、规模维度，确定企业的核心问题。

其次，针对企业想达到的目标，可先设置企业愿景。企业愿景并非具体的经济目标，如利润多少、效益多少，而是一个具备吸引力的长期奋斗目标，如成长为区域内该行业最具竞争力的企业等；再通过设置年度目标，将愿景量化为具体目标，如市场占有率、规模、效益等，企业的年度目标往往是财务目标。任何目标都不需要设置过多，选择五个左右的目标作为核心发展目标即可。

最后，针对企业发展策略，明确以怎样的路径、方式与举措达成企业的目标。

第二步是分解绩效目标，找到关键绩效因素，确定关键绩效指标。

具体来说就是将所有的目标转化为相应的行动，将相应的行动转化为具体的考核指标。通过上述步骤，可以明确企业在财务维度、学习与成长维度、客户维度、内部流程维度四个方面想要达到的目标和企业总体发展策略。企业还需要将具体的策略转化为对应的考核办法。

将企业的发展策略转化为具体的行动举措。一是将大方向的策略一一转化为具体的行动。假设大方向的发展策略是通过产品与服务创新提升客户满意度，那么具体的行动举措可以是对产品与服务的具体衡量。例如，本年度需要研发 3 个新的产品型号，需要使旧的产品型号改进率提升 40%，需要在创新工作上新增研发人员 10 人等。二是将具体的行动举措分解至具体的部门，做到事岗匹配。三是针对所有的行动举措，确定更为关键的、影响到全局的行动举措，并为该行动举措进行目标指标赋值。通过上述三点，就可以形成基本的考核指标。

此处需要注意，管理者仍需要对绩效指标进行具体的拆分与整合。管理者需要做以下三件事，这既是BSC与其他绩效管理工具在指标分解上的不同之处，也是确保BSC稳固落地的关键。

一是进行指标分布审核，归集所有的指标，看该指标作用于上述四个维度中的哪个维度。在这里，我们归集的是直接作用，而非间接作用。例如，提升产品生产率间接作用于客户满意度提升与财务指标提升，但直接作用于内部流程提升。

二是将区分后的指标分别按照学习与成长、内部流程、客户维度、财务维度进行分类。首先看是否有某个环节缺项，其次是看四个环节的管理链条，是否某个管理维度设置的指标过多或某个管理维度的关注过少，保证指标设置的平衡。最后是实现指标的均衡分布。均衡分布并非平均分布，而是确保每一个维度的指标考核与重点工作一致，前提是能够支撑下一个流程的工作。

三是为各个流程的指标赋予固定的权重，某一个流程的某几项指标需要有具体的权重，不能因为哪一个流程更能带来短期效益，就为其赋予更高的权重，而是当前企业最需要提升哪一个方面的管控能力，就为其赋予更高的权重。

第三步是组织实施考核。

需要考察三个方向的内容。一是具体的产出结果，分析企业在哪一个管理维度的缺失更大。因为四个维度的考核是互为表里的关系，因此，需要观察哪一个环节没有达到理想因果关系的转化，即在上一环节付出了努力，但在下一环节仍然出现了问题。这些问题既可能是本维度的，也可能是在上一个维度出现了偏差，需要进行进一步调整。二是员工能力分析，企业发展未能达到预期，除了外部的形势变化，在企业内部，要么是企业管理、企业战略和企业的领导方向、能力出现了问题，要么是员工的能力素质与执行出现了问题，这就需要在考核中重点关注，并通过考核制订具体的、可实施的员工素质能力提升计划。最后根据上述分析开展绩效辅导，修订下一个周期的考核指标，继续完善 BSC 全流程考核计划（如图 4-2 所示）。

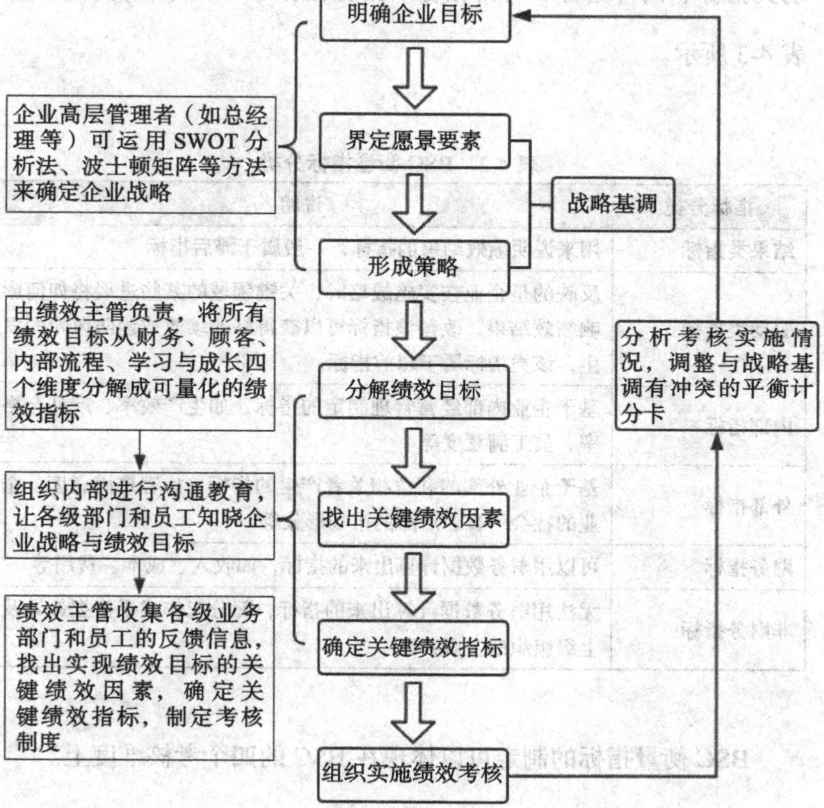

图 4-2　BSC 实施的全流程管理

3．制定和实施 BSC 的关键点与注意事项

BSC 衡量指标的制定可以分为三个类别，即结果类指标和驱

动类指标、内部指标和外部指标、财务指标和非财务指标，具体如表 4-3 所示。

表 4-3　BSC 衡量指标分类

指标分类	说明
结果类指标	用来说明绩效结果的指标，一般属于滞后指标
驱动类指标	反映的是企业在实施战略时，关键领域的某些进展将如何影响绩效结果，改善该指标可以获得好的绩效或预防风险的发生，该类指标属于超前指标
内部指标	基于企业内部经营管理制定的指标，如生产效率、产品合格率、员工满意度等
外部指标	基于企业外部的利益相关者产生的指标，如客户满意度、企业的社会声誉、产品的市场形象等
财务指标	可以用财务数据计算出来的指标，如收入、成本、费用等
非财务指标	无法用财务数据计算出来的指标，部分工作成果依据领导及上级组织的主观判断

BSC 衡量指标的制定可以体现在 BSC 的四个考核维度上。

一是在财务维度上，管理者可以针对企业的收益情况，设置利润、营业额、销售额、经营性金现金流、销售额、资产负债率等指标。财务维度指标一定是可测量、有具体数据支撑的。需要设置较为关键的指标，以充分关注企业的盈利情况、资产收益情况、负债情况、营收情况等关键领域。通过对这些关键领域的关注，不仅能够帮助企业确定当期收入，还能够帮助企业排查可能存在的风险与隐患。在定量考核时也要充分考虑外部形势对企业指标产生的重大影响。

二是在客户维度上，通过提升企业竞争力提高客户的满意度，重点是客户满意度、市场占有率、客户规模增长率等指标。该考核是定量与定性的结合，例如，市场占有率、市场规模增长率等是可以量化的，但客户满意度等是定性的。在考核评定中，定性与定量指标同等重要。其中，定量部分反映的是已经达成的结果，包括现有客户量、老客户保有率、市场份额与规模等；但定性指标，尤其是客户满意度与客户评价，能够反映出企业未来是否会保持住现有的市场规模，甚至扩大规模，例如，定量指标较好但定性指标较差，则预示了客户拓展方面的危机。因此，客户维度需要兼顾定性与定量指标。

三是在内部流程维度上，考核的是企业产品与服务产出的全流程管理，从企业产品的设计开发到产品的生产与质量管控，再到企业的销售与售后服务，是对企业全流程管理的关键环节考核。该考核可以尽力做到量化考核，但往往也会用到定性考核。主要考核指标一般围绕产品更新率、研发时间与研发周期、研发成本、生产效率、成品率、销售渠道的建设、客户投诉率及处理情况等。内部流程维度关注的是每一个流程给企业发展带来的影响。因此，在考核上既要注重流程本身的产出，也要注意其对下一流程产生的影响。每一个管理流程反馈到企业发展上的影响都是多元的，也是影响整个管理生态的，例如，企业的产品质量差可能导致产品的销量下降、投诉率居高不下等。因此，考核该维度时也要兼顾定性与定量，重点关注考核中多因多果的关系。

四是在学习与成长维度上，其考核以定性考核为主，如员工满意度、员工技能增长水平等，也可以考核定量的部分，如员工主动离职率、员工人均培训时长。但该维度的定量考核往往难以完全说明问题，例如，员工人均培训时长并非越长越好，培训时间过长但培训质量较低都会影响员工的实际感受与技能提升。因此，企业需要建立一个稳固的考核评价体系，例如，针对培训，既要考核培训的总时长或人均时长，也要考核员工对培训的满意度，或者通过技能考试检测培训的效果。BSC 中常见的绩效评价指标如表 4-4 所示。

表 4-4　BSC 中常见的绩效评价指标

<table>
<tr><th>指标类别</th><th colspan="2">具体指标</th><th>管理业绩</th><th>权重</th><th>配分</th><th>考核周期</th><th>数据来源</th><th>评分</th></tr>
<tr><td>财务</td><td colspan="2">利润、营业额、销售额、现金流、投资回报率</td><td>组织获利能力</td><td></td><td></td><td></td><td></td><td></td></tr>
<tr><td>客户</td><td colspan="2">市场占有率、客户规模增长率、客户满意度</td><td>组织竞争能力</td><td></td><td></td><td></td><td></td><td></td></tr>
<tr><td rowspan="3">内部流程</td><td>产品开发</td><td>开发时间、开发成本、产品更新率</td><td rowspan="3">组织综合提升力</td><td rowspan="3"></td><td rowspan="3"></td><td rowspan="3"></td><td rowspan="3"></td><td rowspan="3"></td></tr>
<tr><td>生产制造</td><td>生产效率、成品率、次品率、返工率</td></tr>
<tr><td>售后服务</td><td>投诉率、对产品故障的反应速度、服务成本</td></tr>
<tr><td>学习与成长</td><td colspan="2">培训数量、员工满意度、员工技能增长情况、员工离职率</td><td>组织后续动力</td><td></td><td></td><td></td><td></td><td></td></tr>
</table>

此外，企业应用 BSC 时还需要注意如下关键点。

（1）多维度绩效考核的相互平衡。平衡计分卡实现了内部绩效和外部绩效的平衡、财务指标和非财务指标的平衡、长期指标和短期指标的平衡、过程性指标和结果性指标的平衡。所以，在设置考核指标及其权重时要认真权衡四个维度指标所占的权重。但也要注意，无论专注于哪一方面的发展，都要做到尽可能地平衡这四个维度的可持续发展。只有将注意力集中到这四个维度的发展上，才有可能实现相互平衡的效果（如表 4-5 所示）。

表 4-5　多维度绩效考核的相互平衡

维度	学习与成长	业务流程	客户	财务
性质	内部绩效	—	外部绩效	—
	非财务指标	非财务指标	非财务指标	财务指标
	长期指标	中长期指标	短期指标	短期指标
	过程性指标	过程性指标	结果性指标	结果性指标

（2）BSC 一定要紧密围绕企业战略。

（3）BSC 是一种动态管理方式，需要定期汇报、分析考核实施情况，调整考核指标。

（4）企业建立的平衡计分卡不止一个，需要向下渗透到企业的各个部门、团队中和员工身上，并在各个层面形成各级的平衡计分卡。

（5）BSC 一般不单独使用，因为 BSC 存在一定的缺陷，如对员工的考核难以落到实处，故往往结合多种考核方式来综合应用。

（6）实施 BSC 的必要条件是高层管理者的深度参与和支持。因此，管理者必须参与制定战略，并推动战略在基层的贯彻落实，有效处理财务、客户、流程和员工方面的问题。

（7）BSC 的目标与结果应与企业战略管理、员工能力发展以及员工的浮动薪酬高度相关，促使员工关注企业发展，全面提升企业的管理水平。

在实施 BSC 的过程中要避开如下误区。

（1）**错误引入 BSC**。企业实施 BSC 时不仅需要清晰的愿景与战略，还需要筛选出合适的指标，在指标的落地与测算上也需要投入大量的人力物力，因此对很多中小微企业来说，BSC 未必是最合适的选择。如果企业贸然引进 BSC，有可能难以发挥其作用，甚至可能因为该考核方式的不足，导致对员工个体考核的缺失。

（2）**落地过程不畅**。BSC 的使用和落地需要高水平的数据化集成，尤其是过程数据的收集和整合。如果管理者只是重视企业的当前收益，不重视企业的长远发展，BSC 就无法落地实施。

第三节　如何应用 BSC

BSC 的一个突出特点是集测评、管理与交流功能于一体，并非为了考核而考核。在实际应用上，BSC 更像是一种战略管理工具，可以提升企业内部管理水平。下面列举一些公司应用 BSC 的实际案例，供人力资源从业者参考。

1．某公司销售部门的 BSC

销售部门作为企业内部相对独立的团队，比较适用 BSC 考核。例如，某公司是一家综合型民营企业，以医疗器械生产和销售为主营业务，在国内拥有一流的生产设备和生产技术。该公司在营销方面存在销售资源垄断现象，导致市场和营销工作相互脱节，加之其目标市场、目标客户和市场分级等不够明确，导致该公司销售资源的大量重复和浪费。为解决以上问题，该公司引入了 BSC，并在每年 1 月前从财务指标、客户指标、内部运营指标、学习与成长指标四个方面设计了销售部门的 BSC。销售部门的 BSC 也是该部门负责人的 BSC。在销售部门内部，由部门负责人牵头设计部门员工的 BSC。销售部门负责人的工作职责是在市场开拓、客户开发和维护、开展市场调研和营销活动、树立品牌价值的基础上完成一定量的销售额，提升销售业绩。该公司销售部门的 BSC 如表 4-6 所示。

表 4-6　某公司销售部门的 BSC

BSC 维度	序号	指标名称	指标定义及说明	计分办法	权重	数据来源
财务指标	1	销售增长率	销售额同比增长率	a. 按达成率计算得分 b. 得分 = 达成率 × 权重		财务部
	2	成本控制率	销售成本控制在合理范围内	a. 按达成率计算得分 b. 得分 = 达成率 × 权重		财务部

（续表）

BSC维度	序号	指标名称	指标定义及说明	计分办法	权重	数据来源
财务指标	3	销售利润率	销售利润目标与实际情况的对比	a. 按达成率计算得分 b. 得分＝达成率×权重		财务部
客户指标	4	销售额增长率	新客户销售额同比增长率	a. 按达成率计算得分 b. 得分＝达成率×权重		销售部
	5	客户流失率	流失客户占总客户的比例	a. 按达成率计算得分 b. 得分＝达成率×权重		销售部
	6	客户投诉处理率	客户投诉实际处理数量占总投诉次数的比例	a. 按达成率计算得分 b. 得分＝达成率×权重		销售部
内部运营指标	7	库存周转时间	[（月初存货＋月末存货）÷2]×30÷月销售成本	a. 小于或等于目标值得满分 b. 大于0.5天，扣2分		财务部
	8	应收款周转时间	公司从获得应收账款的权利到收回款项、变成现金所需要的时间	a. 小于或等于目标值得满分 b. 大于0.5天，扣2分		财务部

（续表）

BSC 维度	序号	指标名称	指标定义及说明	计分办法	权重	数据来源
内部运营指标	9	出货计划变更	出货计划变更影响生产排产计划的次数	a. 目标值及以内得满分 b. 每超过目标值 1 次扣 2 分		生产计划部
学习与成长指标	10	核心员工保有率	考核期内核心员工占部门总人数的比例	a. 目标值及以内得满分 b. 每超过目标值 0.5% 扣 2 分		人力资源部

2. 某公司研发部门的 BSC

研发部门作为企业的核心部门，适合采用 BSC 进行考核。例如，某公司一直专注于有机饲料的研发、生产和销售，依托绿色的产品开发平台和领先的技术体系，为养殖单位提供有机、环保、安全的产品，形成了以产品研发为龙头的完整产业链。经过多年发展，该公司以成熟的技术和优秀的服务领先于同行业企业。该公司研发部门主要负责新产品开发以及现有产品的技术改进，不断满足市场需求。为了保持产品技术在市场中的领先地位，该公司从财务指标、客户指标、内部运营指标、学习与成长指标四个方面对研发部门建立了 BSC，具体如表 4-7 所示。

表 4-7 某公司研发部门的 BSC

BSC 维度	序号	指标名称	指标定义及说明	计分办法	权重	数据来源
财务指标	1	新产品销售额占比	新产品销售额占同期销售总额的比例	a. 按达成率计算得分 b. 得分 = 达成率 × 权重		财务部
	2	老产品技术优化成本	老产品扣除采购成本后的物料成本降低额	a. 按达成率计算得分，最高得满分 b. 得分 = 达成率 × 权重		财务部
	3	新产品开发费用预算率	新产品开发费用预算达成率	a. 目标值以内，不扣分 b. 每超过目标值 0.5%，扣 2 分		财务部
客户指标	4	项目及时完成率	考核期内立项产品实际完成量占计划完成量的比例	a. 按达成率计算得分 b. 得分 = 达成率 × 权重		企划部

（续表）

BSC 维度	序号	指标名称	指标定义及说明	计分办法	权重	数据来源
客户指标	5	产品开发周期达成率	新产品开发周期与标准周期的比例	a. 按达成率计算得分 b. 得分 = 达成率 × 权重		企划部
内部运营指标	6	项目立项率	考核期内，通过立项的项目数量占计划立项的项目数量的比例	a. 按达成率计算得分 b. 得分 = 达成率 × 权重		企划部
	7	新产品试产合格率	试产合格的新产品占所有新产品的比例	a. 按达成率计算得分，最高得满分 b. 得分 = 达成率 × 权重		质量部
学习与成长指标	8	核心员工流失率	考核期内部门流失的核心员工占部门内核心员工总数的比例	a. 目标值以内，不扣分 b. 每超过目标值 0.5% 扣 2 分		人力资源部

3．某公司采购部门的 BSC

采购部门作为企业的保障部门，也较为适合采用 BSC 进行考核。例如，某公司是一家以酒店为主营业务的连锁公司，该公司的采购部门主要负责酒店大宗物资和日常用品的采购工作，公司要求采购部门在保证产品安全和质量的前提下不断降低采购成本。长期以来，采购经理主要依靠阅读采购报表来掌握企业的采购情况，酒店高层管理者意识到这个情况后，从财务指标、客户指标、内部运营指标、学习与成长指标四个方面为采购部门建立了 BSC，通过得分计算采购部门绩效，最终形成明确的采购管理目标，为公司节约了大量的采购成本。该公司采购部门的 BSC 如表 4-8 所示。

表 4-8　某公司采购部门的 BSC

BSC 维度	序号	指标名称	指标定义及说明	计分办法	权重	数据来源
财务指标	1	采购成本降低率	采购成本同比降低率	a. 目标值及以上得满分 b. 每低于目标值 1% 扣 1 分		财务部
	2	采购延误损失	因采购原因造成的停工、待料、加班、紧急运输等损失	a. 目标值及以内得满分 b. 每超过目标值 ××元，扣 1 分		财务部
	3	采购费用率	包括人员工资、运费、差旅费等	a. 目标值及以内得满分 b. 每高出目标值 1%，扣 2 分		财务部

（续表）

BSC维度	序号	指标名称	指标定义及说明	计分办法	权重	数据来源
客户指标	4	采购及时率	规定时间内完成的采购订单数量占应完成订单总数的比例	a. 按达成率计算得分 b. 得分＝达成率 × 权重		仓储部
	5	采购合格率	检验合格的采购物料项次占生产需求的物料采购项次的比例	a. 按达成率计算得分 b. 得分＝达成率 × 权重		质量部
内部运营指标	6	开发计划达成率	考核期内供应商开发计划完成率	a. 按达成率计算得分 b. 得分＝达成率 × 权重		采购部
学习与成长指标	7	核心员工流失率	考核期内部门流失的核心员工数占部门内核心员工总人数的比例	a. 目标值以内，不扣分 b. 每超过目标值 0.5% 扣 2 分		人力资源部

4. 某公司生产部门的 BSC

生产部门也比较适合采用 BSC 考核。例如，某公司主要从事重型工业汽车的研发、生产和销售，近年来，受国际形势影响，该公司面临原材料市场萎缩、材料价格上涨、产品合格率降低等一系列问题，经营业绩逐年下滑。为解决上述问题，该公司高管开始关注生产部门的重要作用。生产部门通过对设备、安全、环保等方面实施监控，可以降低生产成本、保证产品质量和满足客户需求。为了提升产品的核心竞争力，该公司从财务指标、客户指标、内部运营指标、学习与成长指标四个方面对生产部门建立 BSC，具体如表 4-9 所示。

表 4-9　某公司生产部门的 BSC

BSC 维度	序号	指标名称	指标定义及说明	计分办法	权重	数据来源
财务指标	1	产量达成率	目标产量达成情况	a. 目标值及以内得满分 b. 每超出目标值 ×%，扣 2 分		计划部
	2	人工成本	生产部门的人工成本情况	a. 目标值及以内得满分 b. 每超出目标值 ×× 元，扣 2 分		财务部
	3	制造费降低率	产品制造成本中制造费用所占比例的降低率	a. 目标值及以上得满分 b. 每低于目标 0.5% 扣 1 分		财务部

（续表）

BSC 维度	序号	指标名称	指标定义及说明	计分办法	权重	数据来源
客户指标	4	订单满足率	订单满足率是衡量缺货程度及其影响的指标，指生产实际供应订单出货数量占客户需求订单量的比例	a. 按达成率计算得分 b. 得分 = 达成率 × 权重		仓储部
	5	抽检合格率	用于衡量整个生产过程的产品质量水平	a. 目标值及以上得满分 b. 每低于目标 0.5% 扣 1 分		质量部
内部运营指标	6	人均效能	供应商开发计划完成率	a. 按达成率计算得分 b. 得分 = 达成率 × 权重		采购部
	7	订单交付率	按订单交期保质保量按时交付日常订单的情况	a. 目标值及以上得满分 b. 每低于目标 0.5% 扣 1 分		计划部
学习与成长指标	8	普通员工流失率	部门内离职员工人数占部门员工总数的比例	a. 目标值及以内得满分 b. 每超过目标 0.5% 扣 2 分		人力资源部

第五章

360 度考核的 36 计

360 度考核，又称全方位考核法，由爱德华·埃文等在 20 世纪 80 年代提出。作为常见的绩效考核方法之一，360 度考核的主要特点是评价维度多元化，考核结果更加立体，适用于考核中层管理者以上的人员。

第一节　什么是 360 度考核

360 度考核即全方位绩效考核、多源绩效考核，主要由被考核者的上级、下级、同事及被考核者自己对被考核者进行考核评价，从而得到更加真实的考核结果。

1．360 度考核的内在逻辑

360 度考核主要强调全方位、客观地对员工进行考评。其内在逻辑如图 5-1 所示。

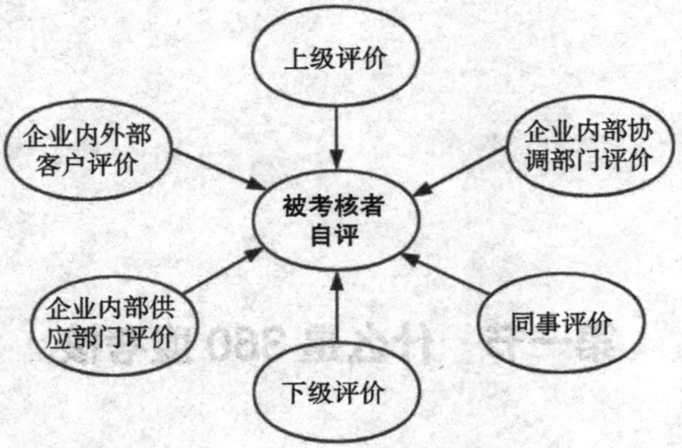

图 5-1 360 度考核的内在逻辑

2．360 度考核的特点

传统的绩效考核一般是由被考核者的上级对其进行评价，而 360 度考核则是由被考核者的上级、同事、下属和被考核者自己等分别对被考核者进行评价。其主要特点如下。

（1）全方位、多角度。360 度考核既有来自企业外部如客户的评价，也有来自企业内部如被考核者上级、同事和下属的评价，考核结果更加客观真实。

（2）误差小、信度高。360 度考核摒弃了传统考核自上向下的单一维度考核，能够有效降低因个人偏见导致的误差。

（3）实行匿名考核。360 度考核采用匿名的方式，能够减少考核者的顾虑，使考核者能够客观地进行评价。

3．360 度考核的优缺点

具体而言，360 度考核的优点如下。

一是多主体参与，信息全面。在 360 度考核中，员工本人、主管、同事、下属及客户等全方位参与，一方面避免了单一主体的主观武断；一方面能够从多个侧面获取信息，利于员工从不同方面实施改进。

二是相互评价，利于制衡。上级与下级、同事之间进行相互评价，有助于企业打破岗位壁垒，降低沟通成本，增强企业凝聚力。

三是能够对员工的态度、能力、素质进行全面考核。360 度考核是基于主观与客观的综合性评价，更加全面。

此外，360 度考核还存在以下缺点。

一是考核主体不明，不利于坚持“谁考核，谁负责”的原则。由于考核主体较多，稀释了考核者的责任感，可能导致评价的客观性不足。

二是信息过多，增加了考核系统的复杂性。由于 360 度考核需要汇总的信息较多，并需要做进一步的分析与总结，无形中增加了考核系统的复杂性。

三是可能导致员工注重人际关系而忽视绩效考核的目标。360 度考核并未强调结果导向，容易导致部分员工忽略绩效目标，转而注重人际关系，不敢在工作中提出不同意见。

四是考核成本高，开展难度大。每个人的考核成本都较高，收集考核信息的工作量也较大。

4．360 度考核适用企业及场景

一般而言，360 度考核主要适用于以下企业及场景。

首先，从企业的生命周期看，360度考核适用于处于成熟期的企业，成熟期企业的管理制度、文化均较为成熟，一方面便于360度考核的执行，另一方面也能通过360度考核帮助员工更好地认识自己并不断提升个人绩效。

其次，从企业的性质看，360度考核适用于行政或研发人员较多的企业，这类企业的绩效考核指标多为软性指标，而制造业或销售型企业可采用结果导向型的考核方式。

最后，从被考核对象看，360度考核适用于中高层管理者。360度考核是对被考核者的全方位考核，要求被考核者既有上级和服务对象，又有下级和同级，因此360度考核更适用于对中高层管理者而非基层员工的考核。

第二节　如何制定 360 度考核

在考核方法设计上，要充分考虑如何收集、汇总各方信息。

1．制定 360 度考核的步骤

360 度考核分为准备、设计、实施、评估与反馈等阶段，具体步骤如图 5-2 所示。

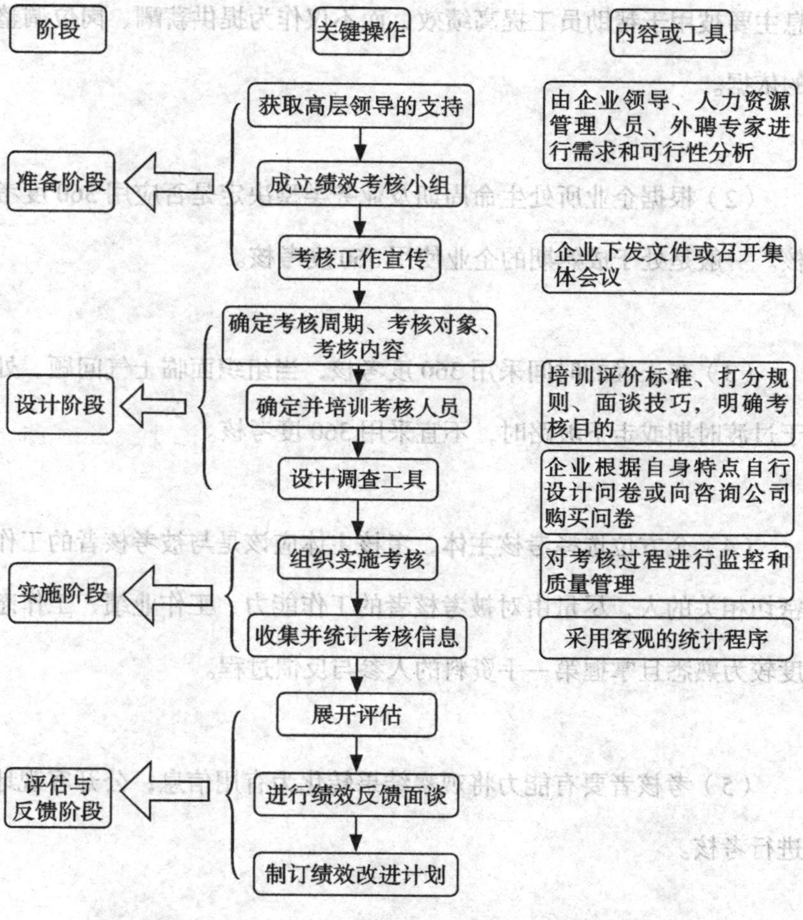

图 5-2 制定 360 度考核的步骤

首先，在考核准备阶段需要明确以下几点。

（1）360 度考核仅是一种管理手段，而非管理目的，其相关信息主要被用于帮助员工提高绩效，而不仅作为提供薪酬、岗位调整的依据。

（2）根据企业所处生命周期及业务类型决定是否应用 360 度考核。一般是处于成熟期的企业使用 360 度考核。

（3）在正确的时间采用 360 度考核，当组织面临士气问题、处于过渡时期或走下坡路时，不宜采用 360 度考核。

（4）全方位选择考核主体，考核主体应该是与被考核者的工作密切相关的人，尽量由对被考核者的工作能力、工作业绩、工作态度较为熟悉且掌握第一手资料的人参与反馈过程。

（5）考核者要有能力将观察结果转化为有用信息，公开客观地进行考核。

（6）不同考核主体的权重不同，常见考核主体的权重排序一般为：客户 > 上级 > 供应商或协调部门 > 同级 > 下级 > 被考核者本人。

（7）要对考核主体进行培训，确保大家对评价标准、打分规则达成共识，沟通技巧和绩效面谈技巧应纳入培训内容，防止打分和最终结果流于形式。

（8）从影响员工业绩的能力、态度等方面设计调查问卷，包括服务意识、敬业精神、团队意识、工作积极性、创新能力、执行能力、学习能力等。

其次，在考核实施阶段需要注意以下几点。

（1）要对考核过程进行监控和质量管理，对各部门、员工提出明确的考核要求，对考核工作的推进方法提前进行培训。

（2）匿名收集信息，避免当事人人为地抬高评价等级，要收集真实的绩效信息。

（3）分阶段收集信息，避免同一个人在同一时间对过多的员工进行评价，产生调查疲劳。

（4）多方面收集与员工绩效表现有关的记录，分析员工绩效考核结果，为改善员工绩效提供可靠的依据。

（5）采用客观的统计程序。

（6）注意考核频次，因 360 度考核较为复杂，一般可以季度或半年、年度为周期开展考核。

最后，在评估反馈阶段需要注意以下几点。

（1）在结果应用上，360 度考核应以提升员工能力、态度为目的。

（2）要准确识别偏见、偏好等对业绩评价结果的影响。

（3）考核主体要能够提供描述性反馈信息，并对如何改进胜任力提供具体建议。

（4）考核主体应当以一种建设性的方式提供反馈和评价，避免对员工造成伤害。

（5）被考核者得到反馈后应该尽快制订计划、改进绩效。

2. 360 度考核的实施流程

管理者需按照以下流程对 360 度考核进行分解。

(1) 制定调查问卷

调查问卷常用五级量表、开放性问题或两者综合的形式来设计。

(2) 培训考核人员

确定采用 360 度考核后，需要组建一支考核团队，考核者须知晓并同意考核团队的组成。

(3) 实施 360 度考核反馈

首先，实施 360 度考核反馈需要对具体实施过程进行监控和质量管理。

其次，及时统计考核信息并公示结果。企业可以通过专门的反馈软件对统计评分和报告进行反馈。

最后，管理部门针对反馈的问题制订行动计划，着手改善绩效。

（4）反馈面谈

考核者对绩效面谈对象进行考核反馈，帮助被考核者提升绩效。

（5）效果考核

首先，需要确保考核评价信息真实准确。其次，需要确认考核应用效果。只有及时总结考核中的经验和不足，才能不断改进考核效果。

3．制定和实施360度考核的关键点与注意事项

360度考核既有优点，也有缺点，企业在制定和实施360度考核的过程中要关注以下关键点和注意事项。

一是关注五项注意，具体如表5-1所示。

表 5-1　360 度考核五项注意

注意项	原因
认清企业自身特点，如行业状况、发展阶段、企业文化等	360 度考核并非适用于所有企业
清晰界定执行的细节和运用的目的	注意细节的操作和信息的收集
不能用 360 度考核取代所有的评价方法	360 度考核只适用于一部分人
指标不能通用，一张量表并非适用于所有主体	不同主体的指标体系不同
注意避开主体选择的误区，如领导导向、全方位主体	不同考核主体的权重不同

二是避免强行推广。既要考虑到企业所处的发展期，也要考虑到员工的个人素质、企业管理者的综合素养，避免考核沦为“走过场”。

三是区分考核主体。在实施过程中要注意对考核主体进行培训，避免主观武断。各考核主体的优缺点如表 5-2 所示。

表 5-2　各考核主体的优缺点

考核主体	优点	缺点
上级	目标导向明确，了解业务内容	信息单一，易生偏见，评价信息主要来自个人好恶
同事	一起工作的时间长，相互比较了解，评价比较客观，有利于增强合作	受到人际关系的影响，易生猜疑

（续表）

考核主体	优点	缺点
本人	增强参与感，有利于自我约束，考核结果易被接受	难保客观，评价偏高，易生矛盾
下级	向高层管理者反馈信息，有利于察觉问题、融洽关系	不敢坦言，削弱权威
客户	可获取组织外部的信息，从而保证获得较为公正的考核结果，有利于总结提高	侧重结果，忽略过程

第三节　如何应用 360 度考核

360 度考核能够有效提升员工的工作能力，并且有利于团队建设和沟通。下面列举一些公司应用 360 度考核的实际案例，供人力资源从业者参考。

1．管理人员的 360 度考核

企业应用 360 度考核对管理人员进行考核时，其评价尺度包括分析决策能力、团队合作能力、沟通协作能力、工作责任与态度等。例如，某公司是一家经营瓷器出口业务的公司，近年来受到外部环境的影响，产品出口量和出口收益迅速减少，加之前期公司积累的人力成本在逐年增加，给公司经营带来了沉重的负担，如何提高管理人员的工作效率是摆在该公司面前的一个关键问题。为使管理人员转变思路，找准未来的发展方向，公司为管理人员引入了360 度考核，从战略执行能力、沟通协作能力、工作责任与态度等方面对管理人员进行全方位评价与考核，具体如表 5-3 所示。

表 5-3　某公司管理人员 360 度绩效考核表

姓名		职务		所属部门	
评价尺度及分数	1 表示非常差，2 表示较差，3 表示一般，4 表示较好，5 表示优秀				
考核项目				评分	备注
战略执行能力	战略执行力				
	决策能力				
	发展预判能力				
	语言表达能力				
	创新能力				
沟通协作能力	工作落实能力				
	团队合作能力				
	创新创造能力				
工作责任与态度	工作态度				
	学习能力				
	工作岗位胜任力				
考核者意见					

2. 专业技术人员的 360 度考核

企业应用 360 度考核对专业技术人员进行考核时，其评价尺度包括专业技术知识、工作态度、沟通能力、团队协作、工作责任等。例如，某杂志社积累了较多的作者和读者资源，编辑的工作也相对程式化，在一定时期内维持了该刊的市场竞争力。随着新媒体的兴起和发展，对出版业提出了新的要求，编辑作为专业技术人员，也需要转变工作思路，适应新媒体出版的相关要求。为调动编辑的工作积极性，更好地服务于杂志出版工作，杂志社为专业技术人员引入了 360 度考核，根据专业技术知识、工作态度、沟通能力、团队协作和工作责任等指标衡量编辑的工作绩效，具体如表 5-4 所示。

表 5-4 某杂志社专业技术人员 360 度绩效考核表

姓名		职称		所属部门	
评价尺度及分数	1 代表非常差，2 代表较差，3 代表一般，4 代表较好，5 代表优秀				
考核项目				评分	备注
专业技术知识	工作效率				
	专业知识				
	业务能力				

（续表）

考核项目		评分	备注
工作态度	工作完成度		
	工作效果		
	执行能力		
沟通能力	解决问题		
	日常沟通情况		
	相互支持力度		
团队协作	责任管理		
	团队管理能力		
	努力程度		
工作责任	责任心		
	规章制度执行		
	担当尽责情况		
考核者意见			

3．普通员工的 360 度考核

企业应用 360 度考核对普通员工进行考核时，一般的评价尺度包括工作技能、工作业绩、工作态度等。例如，某公司对普通员工的考核之初采取仅由经理一人评估工作绩效的方式，一年后发现同事之间因考核结果差异产生冲突的事件频发。为改善办公室氛围、解决员工内部冲突，该公司引进了 360 度考核，根据员工上级、同事、客户和其他服务人员的反馈，从工作技能、工作业绩、工作态度三个大的方面对普通员工进行绩效考核和评估。这种考核方式更加关注员工的技能和贡献，旨在使普通员工有机会了解整个组织中其他同事如何看待他们的工作，并为其提供可操作的反馈意见。该公司普通员工 360 度绩效考核表如表 5-5 所示。

表 5-5　某公司普通员工 360 度绩效考核表

员工姓名		员工职务		所属部门	
评价尺度及分数	1 代表非常差，2 代表较差，3 代表一般，4 代表较好，5 代表优秀				
考核项目				评分	备注
工作技能	专业知识				
	工作能力				
	学习能力				
	创新能力				
	发展潜力				
工作业绩	工作任务完成情况				
	工作质量				
	工作效率				

（续表）

考核项目		评分	备注
工作态度	出勤情况		
	工作主动性		
	服从性		
	纪律性		
	团队意识		
	责任感		
考核者意见			

第六章

绩效管理流程

前文介绍了当前人力资源管理领域应用较为广泛的几种绩效考核管理工具。实际上，绩效管理是识别、衡量及开发个人和团队绩效，并促使这些绩效与组织的战略目标保持一致的持续性过程。除了管理工具，是否严格按照绩效管理流程开展绩效考核是绩效管理的另一个关键要素。在一个绩效管理流程中，绩效计划、绩效实施、绩效改进及绩效反馈构成了一个管理闭环，并随着绩效管理的实施不断作用于企业发展。绩效管理流程如图 6-1 所示。

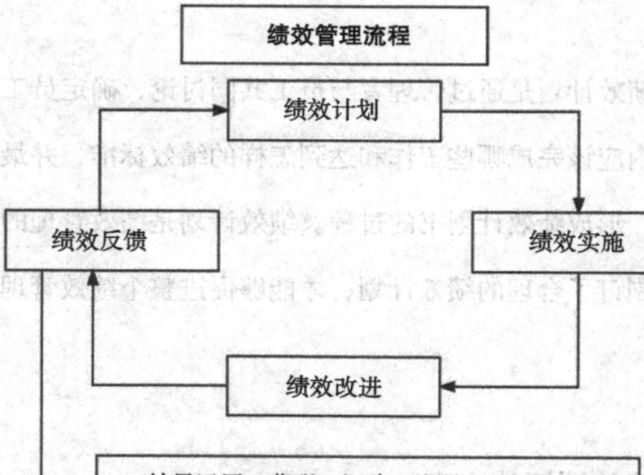

图 6-1　绩效管理流程

第一节　绩效计划

制订绩效计划是通过管理者与员工共同讨论，确定员工在绩效管理周期内应该完成哪些工作和达到怎样的绩效标准，并最终达成一致意见、形成绩效计划书的过程。绩效计划是绩效管理的先导条件，只有制订了合理的绩效计划，才能够促进整个绩效管理流程顺利展开。

1．绩效计划的内容

绩效计划的内容要完整、合理。一个有效的绩效计划应该至少包含绩效目标、时间、主要工作、考核方式等内容。在制订绩效计划时要考虑以下方面：

（1）员工的工作目标是什么；

（2）员工应该在什么时限内完成该目标；

（3）员工完成该目标的标准是什么；

（4）员工应该付出怎样的努力、获得怎样的权利与支持；

（5）绩效考核的标准是什么；

（6）绩效周期内，管理者如何与员工进行沟通；

（7）员工将得到哪些收获。

2．绩效计划的制订

制订绩效计划时需要充分参考岗位职责分析，以细致准确的岗位说明书为依据确定业绩考核指标和衡量标准。

岗位说明书是对某一岗位的工作职责和任职资格的描述，其作为员工上岗前必须熟知的内容，代表了该企业对该岗位的基本要求。岗位说明书应包括岗位标识、岗位概要、工作职责、业绩标准、工作关系、使用设备、工作时间、工作地点、任职资格等内容。这些内容要说明该岗位叫什么、具体有哪些特征、有哪些工作任务、对岗位员工有哪些要求等。岗位说明书在不同的行业、企业或岗位中会有所不同，可进行适当增删。管理者可采用5W1H分析法[①]判断岗位说明书的内容是否完善。

不同岗位的岗位说明书有明显的差异，但基本上可以按照上文介绍的方法或参照表6-1进行制作。表6-2列举了生产人员的岗位说明书，便于读者参照制作。

表6-1　岗位说明书样表及要求

岗位名称		所属部门	
岗位描述	岗位标识	①编号	
		②名称	
		③薪点	
	岗位概要	该岗位的大致工作职责	

① 注：5W1H分析法是指从原因（Why）、事件（What）、地点（Where）、时间（When）、人员（Who）和方法（How）六个方面进行分析的方法。

（续表）

岗位描述	工作职责	①分解：基于战略进行职责分解，主要侧重于该岗位完成哪些职责，需承担哪些责任 ②按照逻辑性与重要性对职责进行排序 ③组织书写
	业绩标准	①构成：业绩完成标准、时限、规模数量等具体信息 ②提取：提取影响结果的关键要素 ③原则：哪些能作为标准指标 关键性原则：影响力大、关键性强 可操作性原则：指标能否被量化、细化或是否具有可行性 一致性原则：指标选择经过充分讨论，员工与组织均认可该指标
	工作关系	该岗位在组织中的位置，直接、间接下属人数，内部主要关系，外部主要关系
	工作时间	工作时长、上下班时间或工作频次
	工作地点	具体工作地点，出差目的地
任职资格	显性任职资格	①教育程度②工作经验③工作技能
	隐形任职资格	通用要素：必须具有的素质
		共同要素：沟通能力、协调能力、学习能力、责任担当等
		特殊要素：做好这个岗位工作需要的特殊要素

表 6-2　生产人员的岗位说明书示例

职位名称	施工员	职位编号	030	所属部门	工程部
直接上级	生产经理	直接下级	无	薪点	4500

（续表）

岗位概要	服从生产经理的工作安排，对项目进度计划、实体质量进行管控，并协助生产经理进行日常施工管理	
工作职责	职责 1	进度计划的编制
	工作任务	1．按照现场施工环境，开展计划编制工作
		2．对照进度计划完成情况进行记录
		3．如存在各种不可控因素，对进度计划进行修正
	职责 2	施工计划的实施管理
	工作任务	1．协助生产经理对负责区段进行现场进度管理
		2．对现场安全、质量工作进行管理
		3．对现场劳动作业人员进行科学管理
	职责 3	现场文明施工的管理
	工作任务	1．对作业现场的文明施工情况进行督促管理
		2．一旦发现施工生产问题，及时进行纠偏
业绩标准	进度节点完成率	
	安全事故发生情况	
	现场被投诉情况	
	施工成本	
	产值	
工作时间	8：00-17：00	
工作地点	项目现场	
任职资格	学历、专业要求	统招全日制大专及以上学历，生产制造相关专业
	工作经验要求	一年以上相关工作经验
	技能要求	具备施工管理专业知识、安全质量管理能力、学习能力、执行力、质量管控意识

以上问题确定后，即可开始制订绩效计划。绩效计划的制订一般需要三个阶段，即准备阶段、沟通阶段、审定和确认阶段。

（1）准备阶段

准备阶段的主要任务是准备信息，主要包括以下信息。

一是关于企业的信息。包括企业战略目标和发展计划、企业年度经营目标等。该信息可通过企业发布的发展规划、工作报告、会议通报等获得。

二是关于部门的信息。包括本部门的主要工作指标、核心工作任务、关键工作流程等。这些往往是部门内部约定俗成或是长久公之于众的信息，也是管理者必须了解的信息。

三是关于个人的信息。包括本岗位的工作职责、个人的基本信息、绩效信息等。

（2）沟通阶段

绩效沟通需要营造良好的沟通环境和氛围。在这一阶段，人力资源部需要与各业务部门充分沟通，各部门管理者需要和员工进行充分沟通。沟通的步骤和内容如下。

一是收集整理相关信息。整理总结上一阶段的资料。

二是确定个人绩效目标。通过梳理企业战略目标、部门核心指标和个人岗位要求，确定个人绩效目标。

三是制定绩效考核衡量标准。确保绩效计划的内容均是可测量的。

四是讨论计划实施的困难和需要提供的帮助。逐条分析讨论，确保绩效计划的可行性。

五是讨论重要性级别和授权问题。讨论确定哪些工作更关键、更重要，需要赋分更高，占考核权重更高，哪些工作需要更大授权或新的权限。

六是达成契约，形成绩效计划。与员工沟通并达成一致意见，形成绩效提升计划。

（3）审定和确认阶段

员工和管理者进一步对绩效计划的目标进行审定与确认，形成最终的绩效计划书。通常，绩效审定者包含员工本人、直属上级、人力资源部。在部分组织内，还会由相应的领导进行审定。部分中小型企业也可不做正式审定，但一定要确保员工知晓并高度认可绩效计划，以确保后续工作中可以更好地完成绩效计划。

3．制订绩效计划的注意事项

除了上述内容，要想顺利制订绩效计划，还要注意以下事项。

一是注意与绩效目标相结合。绩效计划是结合企业战略、部门工作和岗位要求制订的，关于计划的沟通均是在企业的战略诉求、部门需求、岗位要求的基础上进行的，偏离战略初衷的绩效计划难以达到绩效考核的预期目标。

二是注意多维沟通。绩效计划沟通是多维度的，包含了部门内部上下级沟通、部门间沟通、业务部门与人力资源部沟通等多个维度。要重点针对该部门、该岗位的主要工作，以及需配合与协调工作、绩效计划的范式文本和具体要求等进行沟通和确定。

三是注意做好信息准备。沟通绩效计划之前需要做好信息准备工作，需要准备的信息包含既往绩效计划、绩效目标、企业战略与文化等。

第二节　绩效实施

绩效实施是指绩效目标的实施过程。

1．绩效实施的内容

绩效实施是绩效管理四个环节中最长的一个环节，内容包括绩效辅导、绩效信息收集和绩效指标评价。

（1）绩效辅导

绩效辅导主要包括以下内容：

①周期内工作目标的达成情况；

②被考核者是否按照预期开展工作；

③目前哪些工作已实现预期效果，哪些工作尚未达到预期；

④如何提升工作效果；

⑤是否需要调整工作目标或改进工作方法；

⑥员工需要哪些支持和帮助。

总之，绩效辅导是一个从追问到解答的过程，因此管理者需要明确解答绩效辅导发现的问题。对于绩效考核不理解、发生误解与偏见或推进不力的现象，要及时进行解释，在第一时间提出解决方案。绩效辅导包括正式辅导与非正式辅导两种。正式辅导以书面交底及回执、定期面谈、召开会议等形式开展；非正式辅导以私人聊天、小范围讨论等形式开展。前者以座谈交流与书面交底相结合的形式较多，书面交底更利于形成过程记录，也方便员工进行回顾与学习，能够起到更好的效果。一般情况下，大中型企业更适合使用正式的绩效辅导；小微型企业则可以考虑非正式绩效辅导。对员工人数较少的企业来说，在轻松的氛围中开展绩效辅导，有助于提升团队凝聚力，保证组织高效运营。

（2）绩效信息收集

绩效辅导可以构建相对稳定的绩效环境。管理者通过有效的绩效辅导，可以收集真实的绩效信息，进而指导绩效考核的实施。需要收集分析的绩效信息至少包含以下方面：

①工作目标完成情况；

②来自不同评价方的反馈信息；

③对应考核标准所需匹配的信息；

④工作绩效较好及较差方面的信息。

此外，收集绩效信息时需要注意以下三个方面。

一是需要注意其精准性。例如，对于主要工作任务的完成情况，一方面需要对可量化的部分进行量化及复核；另一方面，对于不可量化的部分，也需要尽可能清晰地描述完成了多少、达到了哪种程度、实现了多少目标。

二是需要注意避免误差过大。因可能涉及收集内外部相关人员或部门、机构的反馈信息，这些反馈信息中往往含有人为的因素，故要警惕偏差过大。在具体执行中，可以通过增大样本量（如增加受访者和反馈者人数）、剔除反馈数据中的极端数据等方式予以规避。

三是需要注意综合数据分析整合。不能将数据收集完毕就听之任之，而要进行合理有序的整合。

（3）绩效指标评价

管理者可以采用工作分析法、个案研究法、业务流程分析、经验总结法、专题访谈等方法评价提取的绩效指标，评估绩效指标能否以量化的形式测量考核对象的绩效行为。

管理者可以用“4+1”的评价责任人体系对具体的绩效指标进行评价。“4+1”是指四维评价加员工评价，即企业高管的评价、直属领导的评价、外部专家的评价、人力资源部的评价及员工个人的评价。图 6-2 展示了“4+1”的评价责任人体系的具体环节。

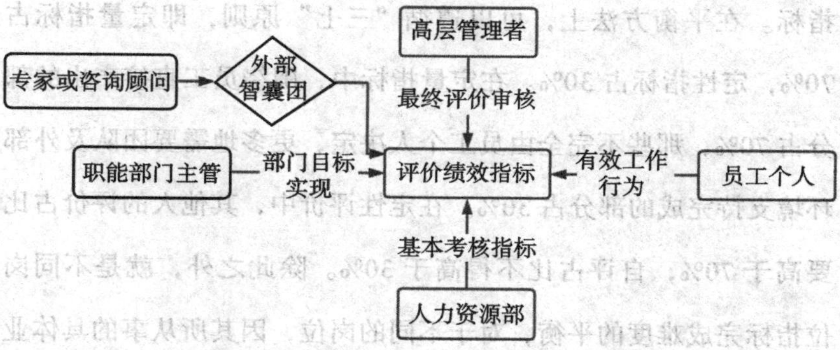

图 6-2 “4+1”的评价责任人体系

此外，在评价绩效指标时还可采用一个目标、两个平衡和五项原则。

一个目标：设置绩效指标是为了让员工依照绩效指标提升个人产出，完成绩效计划。明确绩效指标设置的目标，就可以指导人力资源部在开展绩效考核工作时以更健康的心态、用更好的方法完成绩效指标评价，如以更便于员工接收的方式去评价，利用更科学合理的评价方法对员工绩效指标进行评价等。

两个平衡：定量指标与定性指标相对平衡，不同岗位指标完成难度平衡。在大部分企业的各个岗位上，难以完全量化该岗位的所有工作，所以要在设置指标时注意平衡定性指标和定量指标。在平衡方法上，可以遵循“三七”原则，即定量指标占70%，定性指标占30%。在定量指标中，围绕员工直接产出的部分占70%，那些不完全由员工个人决定，更多地需要团队及外部环境支持完成的部分占30%。在定性评价中，其他人的评价占比要高于70%，自评占比不得高于30%。除此之外，就是不同岗位指标完成难度的平衡，对于不同的岗位，因其所从事的具体业务不同，工作难度也是不一样的。但可在绩效指标设置上进行合理调控。调控务必遵守三项原则：一是均衡原则，不能是谁的诉求多，调控谁的力度大，而是由企业高管或人力资源部进行统一调配；二是挑战性原则，绩效指标调控不是指统一调低难度，使大家都满意，而是统一提升到对每个人均有一定挑战性的程度，以激发绝大部分人的动力；三是统一性原则，在绩效指标的考核项数量、周期、考核方式等方面要做到综合统一，确保考核的一致性。

五项原则：绩效指标评价要坚持精细化原则、有效性原则、可测性原则、针对性原则和标准化原则。

一是精细化原则。绩效指标是经过细化的指标，每一个指标均是精准的，是讨论与修订的结果。绩效指标的设定过程应该是企业精细化管理的重要组成部分。

二是有效性原则。绩效指标不能顾左右而言他，而应该更为直接地反映被考核者的真实工作状态和工作产出。每一个绩效指标均有实际的测量意义，也能够客观地反映员工行为。

三是可测性原则。绩效指标均具有可测性，绩效指标一定是可测量、可评价的。虚无缥缈的绩效指标会让该考核缺乏必要效度，尤其是针对量化的考核，更要使绩效指标可准确测量。

四是针对性原则。绩效指标的设置必须要紧密围绕该部门、该岗位的核心工作和关键工作，要有高度的针对性，不能大而不当。不同部门的不同岗位之间，绩效指标通常是不一致的。

五是标准化原则。绩效指标有具体、科学的描述，每一个绩效指标均有范式文本的描述，避免产生歧义。对确有歧义的部分应进行及时修正。

2．绩效实施的工具

为了更好地推进绩效考核实施，可以综合利用绩效指标评价打分表、绩效指标分解表、绩效指标词典、绩效交底会策划书等工具。

（1）绩效指标评价打分表

为了更好地评定绩效指标是否具有科学性，可对绩效指标进行评分，并计算出综合得分，针对评分的高低对绩效指标进行适度修订，表 6-3 和表 6-4 列出了绩效指标评价打分表和绩效指标评价打分汇总表，可供参考。

表 6-3 绩效指标评价打分表

评价人		评价岗位			评价时间			
评价指标	有效性（4表示非常有效，3表示有效，2表示效用有限，1表示完全无效）	可测性（4表示容易测量，3表示可以测量，2表示难以测量，1表示完全不可测）	可量化性（4表示容易量化，3表示可以量化，2表示难以量化，1表示不可量化）	时限性（4表示与考核周期非常一致，3表示与考核周期基本一致，2表示与考核周期差异较大，1表示与考核周期完全不一致）	执行频率（4表示执行频率非常高，3表示执行频率高，2表示执行频率较低，1表示执行频率低）	重要性（4表示非常重要，3表示重要，2表示一般重要，1表示不重要）	平均分	权重
指标 1								
指标 2								
指标 3								
指标 4								
指标 5								
……								
评价标准	若平均分达到 3 分及以上，则该指标可以作为绩效考核指标 特殊情况：平均分低于 3，但重要性评分高，这类指标也要适当保留							

表 6-4 绩效指标评价打分汇总表

评价指标	评价人员					评价总分	平均评分
	1	2	3	4	5		
指标 1							
指标 2							
指标 3							
指标 4							
指标 5							
……							
合计							

（2）绩效指标分解表

前面提到绩效指标可以从时间维度和空间维度进行分解，绩效指标也可以根据能力、态度、业绩维度分解为一级指标，再将每个维度细分出二级指标，如表 6-5 所示。表 6-6 列举了常见、通用的绩效指标，可供参考。

表 6-5 绩效指标分解表

	一级指标	二级指标
绩效指标	能力维度指标	技能水平
		应变能力
		团队合作
	态度维度指标	出勤状况
		配合意识
		责任意识
		职业道德
	业绩维度指标	工作效率
		工作完成量
		工作质量
		计划完成率
		创新工作情况

表 6-6 通用绩效指标举例

考核项目	关键要素	要素解释	评价标准（5表示非常符合，4表示符合，3表示一般，2表示不符合，1表示完全不符合）	权重
工作业绩	工作效率	能够高效完成工作任务		50%

（续表）

<table>
<tr><th>考核项目</th><th>关键要素</th><th>要素解释</th><th>评价标准（5 表示非常符合，4 表示符合，3 表示一般，2 表示不符合，1 表示完全不符合）</th><th>权重</th></tr>
<tr><td rowspan="3">工作业绩</td><td>工作数量</td><td>在计划时间内全部完成或超额完成工作任务</td><td></td><td rowspan="3">50%</td></tr>
<tr><td>工作质量</td><td>差错率较低，工作质量高</td><td></td></tr>
<tr><td>计划完成率</td><td>高质量完成计划工作</td><td></td></tr>
<tr><td rowspan="6">工作能力</td><td>技能水平</td><td>熟练掌握完成岗位工作的技能</td><td></td><td rowspan="6">30%</td></tr>
<tr><td>解决问题</td><td>能够自主发现问题、分析原因并解决问题</td><td></td></tr>
<tr><td>应变能力</td><td>能够灵活应对突发情况</td><td></td></tr>
<tr><td>人际交往能力</td><td>与同事保持融洽关系，能代表组织与外部进行良好沟通</td><td></td></tr>
<tr><td>团队合作能力</td><td>与他人友好协作完成任务</td><td></td></tr>
<tr><td>身体状况</td><td>身体健康，能够完成本岗位工作</td><td></td></tr>
<tr><td rowspan="5">工作态度</td><td>出勤状况</td><td>按时上下班，不无故缺勤</td><td></td><td rowspan="5">20%</td></tr>
<tr><td>责任心</td><td>认真负责地完成工作</td><td></td></tr>
<tr><td>组织认同感</td><td>认同组织文化，做出符合组织期待的行为</td><td></td></tr>
<tr><td>服务精神</td><td>工作热情高，热心帮助他人</td><td></td></tr>
<tr><td>主动性</td><td>主动学习相关技能</td><td></td></tr>
</table>

（3）绩效指标词典

绩效指标词典是对绩效指标相关信息的规范和说明，按照绩效指标的性质不同，可以分为定量指标词典（如关键绩效指标词典）和定性指标词典（行为、态度、素质指标词典）。

在构建绩效指标词典时要注意以下事项。

一是明确公司战略，进行目标分解和有效行为提取，提炼绩效指标。

二是分别建立公司级、业务职能、部门岗位绩效指标结构关系图。通过关系的梳理，更准确地分析各项任务关系与对应责任。

三是绩效指标词典模板应包括指标基本信息、指标计算方法、指标责任主体等信息。即明确考核什么内容、如何测量这些内容及考核谁。

四是需收集的信息包括与绩效指标相关的公司战略主题和目标分解、业务流程与关键点、岗位职责、工作规范、相关责任人及关联关系等。

五是根据绩效指标体系收集和分析与指标相关的信息，按照绩效指标词典模板逐一编制，整理成册。

六是初稿完成后需经相关人员或小组领导审核，审核通过后方可正式发布。公司发生重大变化时，需要对词典做出相应修订。

（4）绩效交底会策划书

为了更好交底绩效考核相关事宜，可通过召开绩效交底会的形式进行集中交底，绩效交底会可参照表 6-7 和表 6-8 中的形式开展。

表 6-7　绩效交底会策划书示例

会议名称	××公司××年××季度绩效交底会
会议时间	
会议地点	
会议目的	明确绩效指标和标准，保证绩效管理顺利实施，从而开发员工潜能，提高组织绩效
参会人员	部分高管、人力资源部、各业务部门主管、员工代表

（续表）

会议流程	一、主持人介绍会议目的 二、人力资源主管介绍绩效计划、绩效考核实施过程，并汇总各业务部门的绩效指标 三、答疑环节 参会人员针对绩效指标提出疑问，由指标设计人进行答疑 四、确认签字 五、主持人宣布会议结束

表 6-8　绩效交底记录表

会议名称		
交底时间		
参与部门		
交底指标	指标内容	具体含义
指标 1		
指标 2		
指标 3		
……		

在绩效考核答疑环节，可用绩效指标答疑单进行答疑，以便更准确地解答员工针对绩效指标的疑惑。人力资源部负责解答疑问，回复时除了要做到准确解释，还要注意回复的及时性。表 6-9 展示的绩效指标答疑单可供参考。

表 6-9　绩效指标答疑单

答疑部门		
答疑负责人		
问题	疑问点	答疑回执
问题 1		
问题 2		
问题 3		
……		

3．组织绩效实施的注意事项

绩效管理的最终目的是驱动和达成组织的战略目标的实现。在实施过程中需要注意如下事项。

一是注意对绩效实施的高度进行规划与统筹。组织实施绩效管理的过程就是管理公司、部门或个人绩效的过程，达到进一步促进管理规范和提高组织绩效的目的，同时，为了支持和促进绩效管理的持续进行，绩效实施必须与薪酬挂钩。

二是注意充分认识绩效管理的目的。绩效管理过程是一个预防绩效不佳、提升企业绩效的过程。需要特别注意的是，绩效管理的宗旨是提升员工的素质，而不仅仅是将其当作物质分配或其他人事决策的依据，即使有上述成分，所占比例也不应过大。

三是注意建立绩效评价结果反馈制度。绩效评价反馈是绩效管理的重要环节，定期向员工反馈绩效结果可以促使员工明确自身优缺点，最终促进绩效提升。

四是注意组织实施全面的绩效管理培训。培训能够提升管理者和各级员工对绩效管理系统的认识，使其熟练掌握绩效管理的操作流程，确保在执行过程中按时保质完成任务。

五是注意管理者和员工的工作。绩效管理是一项复杂和细化的流程，对员工来说，是对其本人在考核期内的工作业绩的考评；对管理者来说，需要对下属进行目标规划、复盘和及时辅导等。

第三节 绩效改进

绩效管理的目的是绩效改进，实现组织的目标。绩效改进往往是很多企业在开展绩效管理过程中容易忽视的部分。

1. 绩效改进的内容

绩效改进计划包括基本信息、问题描述、提出意见、明确目标四个方面的内容，如表 6-10 所示。

表 6-10 绩效改进计划的内容

基本信息	员工基本信息（姓名、岗位、上级）、计划的制订时间和拟实施时间等

（续表）

问题描述	通过绩效考评和面谈结果明确工作中存在的主要问题
提出意见	主要包括具体的改进措施、建议接受的培训内容
明确目标	明确绩效改进后要达到的具体目标

在实施绩效改进的过程中，除了要重视以上内容，还要关注以下方面：

（1）组织和员工待改进的方面；

（2）实施上述改进的原因；

（3）组织和员工目前的水平及想要达到的目标；

（4）提升举措；

（5）设定达到目标的期限。

2．绩效改进的工具

制订绩效改进计划后，可以通过绩效面谈表、绩效跟踪表、绩效确认书、现状分析表、绩效考核责任状等工具促进绩效改进计划的落实。

(1) 绩效面谈表

绩效面谈可基于 GROW 模型进行，GROW 模型即员工成长模型，GROW 模型的四个字母分别代表四个管理流程。其中，G 代表目标 (Goal)，即员工个人的绩效、发展等目标；R 代表现状 (Reality)，即员工当前的工作情况、个人现状；O 代表举措 (Options)，即采取哪些措施来改进自己；W 代表意愿 (Will)，即员工具有改进的意愿。通过 GROW 模型的四个步骤，可以较好地实现员工的绩效改进。

①设定面谈的目标，写明想要通过面谈达到的要求。

②分析员工当前的表现和存在的问题。

③选择绩效改进措施。

④制定绩效改进措施的执行方案，明确要做的事情，制定详

细、可行的时间进度表。

⑤确定新目标，考核者与被考核者共同提出下一绩效考核周期中的新的工作目标。

人力资源部负责编制绩效面谈表并将其下发给各绩效面谈负责人，由面谈者（通常是部门主管）就工作进展情况和员工进行深入沟通。绩效面谈记录示例和不同类型员工的面谈策略分别如表 6-11 和表 6-12 所示。

表 6-11　绩效面谈记录示例

部门			时间	
被考核者	姓名		岗位	
面谈者	姓名		岗位	
被考核者现状	工作业绩	1. 2. 3.		

（续表）

被考核者现状	行为表现	1. 2. 3.
绩效改进的目标	1. 2. 3.	
具体的改进措施	1. 2. 3.	
需要公司提供的帮助	1. 2. 3.	

表 6-12 不同类型员工的面谈策略

员工类型	员工特征	面谈策略
老虎型员工	工作动力强，能够为企业创造很多价值	以更高要求和更大激励政策对其进行激励
孔雀型员工	工作产出受情绪影响，工作状态不稳定	通过良好的沟通和辅导了解原因，改善其工作态度，进行适度的鼓励
安分型员工	工作认真，对公司认同度高，但能力有限，业绩不突出	以制订明确的、严格的绩效改进计划作为面谈的重点，帮助其找到提升能力的方法与路径
堕落型员工	拒绝承认差距，拒绝努力，拒绝改变	重申工作目标，进行批评与提示，严格按照绩效考评办法予以考核

（2）绩效跟踪表

绩效跟踪是绩效改进的重要手段。对于需跟踪的事项，若该事项原本属于绩效考核的一部分，则在考核周期较长的情况下，可以进行过程跟踪。若考核周期为一个季度，则可在每个月的月末进行跟踪确定；若考核周期为一个月，则每十天进行跟踪，原则上过程跟踪不应少于两次，不需要额外制表。若考核周期过短，则不需要进行跟踪。若该指标并不完全属于绩效考核范围，但也能够反映员工素质的提升、工作能力的进步，则可以对该能力或素质进行适度量化，并在过程中进行汇报。若该指标难以量化，则可以采用下面的表格进行评价，便于员工了解自己的改进情况。表 6-13 是绩效跟踪样表。

表 6-13　绩效跟踪样表

填表说明：绩效指标完成情况和绩效面谈情况由管理者根据考核对象的实际表现打分									
序号	员工姓名	岗位	绩效指标完成情况				绩效面谈情况	面谈人	备注
			能力指标	态度指标	业绩指标	创新指标			
1									
2									
3									

（3）绩效确认书

绩效结果得出后应予以公示，以便员工对自己的绩效有清晰的认识，公示期满后若无争议，则需要进行绩效确认。绩效确认既可以采用默认的方式，也就是不对公示结果提出异议即为知晓和同意该绩效结果；也可以采用书面通知或电子邮件通知的方式，在清晰告知员工绩效结果的同时，还能清楚告知员工绩效结果的来源，帮助员工认识到自身的缺陷和不足。绩效确认书也可以与绩效面谈等工作结合在一起，以更明确地找到员工提升自身能力的路径与方法。在员工确认好自己的绩效考核成绩后，人力资源部可留存绩效结果，如有必要，可以请员工对该绩效考核结果进行签字，以便日后更好地应用该结果。绩效考核结果汇总、确认表示例如表 6-14 所示。

表 6-14　绩效考核结果汇总、确认表示例

<table>
<tr><td>单位</td><td></td><td>部门</td><td></td><td>考核周期</td><td></td></tr>
<tr><td>序号</td><td>姓名</td><td>考核总分</td><td>考核等级</td><td>员工签字</td><td>备注</td></tr>
<tr><td>1</td><td></td><td></td><td></td><td></td><td></td></tr>
<tr><td>2</td><td></td><td></td><td></td><td></td><td></td></tr>
<tr><td>3</td><td></td><td></td><td></td><td></td><td></td></tr>
<tr><td>……</td><td></td><td></td><td></td><td></td><td></td></tr>
<tr><td colspan="6">部门负责人意见：

签字：　　　　年　月　日</td></tr>
<tr><td colspan="6">人力资源部复核意见：

签字：　　　　年　月　日</td></tr>
<tr><td colspan="6">公司负责人：

签字：　　　　年　月　日</td></tr>
</table>

（4）现状分析表

在绩效改进环节，应用 GROW 管理模型制定绩效改进方案时，除了可以采用谈话的形式，也可以请员工填写员工现状分析表，给员工更多的信息整合时间，以便员工在不便谈论自己缺点的情况下，能够更加客观地评价自己。员工现状分析如表 6-15 所示。

表 6-15　员工现状分析表

<table>
<tr><td>姓名</td><td></td><td>部门</td><td></td><td>岗位</td><td></td><td>填表日期</td><td></td></tr>
<tr><td colspan="3">绩效指标</td><td>考核得分</td><td colspan="2">有效行为分析</td><td colspan="2">无效行为分析</td></tr>
<tr><td rowspan="5">工作能力</td><td colspan="2">技能水平</td><td></td><td colspan="2"></td><td colspan="2"></td></tr>
<tr><td colspan="2">问题解决</td><td></td><td colspan="2"></td><td colspan="2"></td></tr>
<tr><td colspan="2">应变能力</td><td></td><td colspan="2"></td><td colspan="2"></td></tr>
<tr><td colspan="2">人际交往</td><td></td><td colspan="2"></td><td colspan="2"></td></tr>
<tr><td colspan="2">团队合作</td><td></td><td colspan="2"></td><td colspan="2"></td></tr>
<tr><td rowspan="5">工作业绩</td><td colspan="2">工作效率</td><td></td><td colspan="2"></td><td colspan="2"></td></tr>
<tr><td colspan="2">工作数量</td><td></td><td colspan="2"></td><td colspan="2"></td></tr>
<tr><td colspan="2">工作质量</td><td></td><td colspan="2"></td><td colspan="2"></td></tr>
<tr><td colspan="2">计划完成率</td><td></td><td colspan="2"></td><td colspan="2"></td></tr>
<tr><td colspan="2">工作创新</td><td></td><td colspan="2"></td><td colspan="2"></td></tr>
<tr><td rowspan="4">工作态度</td><td colspan="2">出勤状况</td><td></td><td colspan="2"></td><td colspan="2"></td></tr>
<tr><td colspan="2">服务他人</td><td></td><td colspan="2"></td><td colspan="2"></td></tr>
<tr><td colspan="2">责任意识</td><td></td><td colspan="2"></td><td colspan="2"></td></tr>
<tr><td colspan="2">职业道德</td><td></td><td colspan="2"></td><td colspan="2"></td></tr>
</table>

（续表）

综合分析	1. 2. 3.	
分析结论	☐ 优秀　☐ 良好　☐ 合格　☐ 不合格	
分析人签字		

（5）绩效考核责任状

企业可与员工签订绩效考核责任状，对绩效考核的完成情况进行一定的约束，对员工工作完成情况进行敦促，使员工更加重视绩效考核工作。绩效考核责任状如表 6-16 所示。

表 6-16　绩效考核责任状

甲方	××公司	乙方	
目的	明确岗位绩效指标，促进公司绩效管理		
适用范围	适用于该职位的职责范围描述及工作绩效的考核		
责任周期	月度 / 季度 / 半年 / 年度		
一、乙方岗位职责（以销售人员为例）			
1. 提升产品销售额			

（续表）

2. 执行市场销售策略，开展产品销售活动			
3. 跟踪客户订单的具体落实，与客户联系维持关系并处理客户投诉			
……			
二、绩效考核方式			
详细考核方式按照公司绩效考核制度施行			
本绩效考核责任状一式两份，甲乙双方各执一份			
甲方		乙方	
代表签名		签名	
	年　月　日		年　月　日

3．绩效改进的注意事项

企业管理者实施绩效改进时还需要关注以下事项。

一是将基础信息和绩效表现相结合，了解员工的真实情况。在进行绩效辅导之前，管理者一定要充分了解员工的基础信息，尤其是对于新进员工或调岗员工，更需要了解该员工的教育背景、家庭情况、过往培训经历、过往工作经历等基本信息，这样做有助于更立体、更直观地了解员工，既能在某些谈话场景中拉近与员工的距离，也能更好地判断员工之所以有如此绩效表现的深层次原因。此外，管理者还要了解员工三个方面的绩效信息。一是绩效延续信息，即在过去一至两年内，该员工的绩效考核结果一直处于什么样的水平，这可以帮助管理者了解员工表现较差是持续性的还是阶段性的或偶发性的。二是绩效过程信息，即该员工为什么会取得这样的绩效，是哪一部分工作没有完成或没有做好，是哪一个环节出现了问题。三是绩效结果根源，即要做出基本情况分析，判断员工的问题可能出现在哪个方面，并在绩效面谈中予以证实和解决。

二是将对事批评与真实表扬相结合，帮助员工客观地评价自己。一味地批评容易引起员工反感，一味地表扬则回避了问题。在绩效面谈中，面谈者要有的放矢地进行批评与表扬。关于批评，要做到“三个针对”：一是只针对具体的事进行批评，而不针对个人，尤其是不要侮辱员工，要避免大发雷霆；二是要针对具体做法，而不是空泛地评价对错，要条分缕析地分析下属在哪个流程的哪个做法有改进的空间，只有这样的批评才能真正起到作用；三是要选择好批评的时机，避免在员工情绪低落的时候进行批评。至于表扬，最好对真实的案例进行表扬，这可以帮助员工树立信心，产生改进的动力。

三是将务实建议和切实支持相结合，帮助员工实现自我提升。绩效面谈的关键在于为员工提出务实的建议。务实的建议一定要遵守下面几个原则：首先，务实的建议一定是针对员工的不足提出的，要对员工的不足提出具体的改进措施，避免“一定要加油”“一定要努力”这样大而空的话；其次，务实的建议一定是科学的，是与员工共同商讨后提出的；最后，务实的建议要有系统性，要着眼于解决员工最迫切的问题。除了提出合理建议，管理者还需要在资源方面予以员工必要的支持与帮助，最大限度地为员工完成任务提供各项保障。

四是将具体目标和考核方式相结合，帮助员工实现有序改进。与员工进行绩效面谈的关键在于为员工制定合理的目标。合理是指员工个人基本认同、目标的难度适中、目标与总体的绩效要求相一致、目标有具体的时限等。需要注意的是，目标一定要具有高度的可行性和适配性，要与员工所在岗位、具体能力和考核内容充分适配。除此之外，还要注意与员工约定这些目标完成的具体时间、目标的具体要求、目标完成的奖惩措施，并在绩效面谈后进行持续跟踪，再针对过程跟踪情况对员工进行及时反馈，真正帮助员工实现绩效提升。

第四节　绩效反馈

绩效反馈是指考核者向被考核者告知绩效考核结果，并根据绩效考核结果进行检查和讨论的过程。

1．绩效反馈的内容

绩效反馈是绩效管理的重要环节，管理者与员工共同分析产生考核结果的外因和内因，促进绩效改进。绩效反馈的主要内容如下：

（1）反馈周期内绩效考核的结果；

（2）听取员工意见；

（3）探讨绩效考核结果出现的原因；

（4）探讨确定绩效改进的具体方法；

（5）告知员工基于绩效考核结果得到的奖惩；

（6）表明组织的期望。

2．绩效反馈的方式

在整个绩效管理体系中，绩效反馈是一个重要环节。绩效管理本身作为一种激励手段，其作用是帮助员工达成绩效目标，如果没有相应的绩效反馈，就无法达到预期成效，因此，绩效反馈应贯穿于整个绩效管理过程中。常见的绩效反馈方式有绩效面谈、电话反馈、邮件反馈、集中反馈等。其中，绩效面谈是最常用的方式。

（1）绩效面谈

人力资源部负责编制绩效面谈表并将其下发给各绩效面谈负责人，由面谈者（通常是部门主管）就工作进展情况和被面谈者进行深入沟通。绩效面谈可以基于 GROW 模型进行：

一是设定面谈的目标，写明想要通过面谈达到的要求；

二是分析员工当前的表现和存在的问题；

三是选择绩效改进措施；

四是制定绩效改进措施的执行方案，明确要做的事情，制定详细、可行的时间进度表。

五是确定新目标，考核者与被考核者共同提出下一绩效周期中的新的工作目标。

常见的绩效面谈记录表如表 6-17 所示。

表 6-17　绩效面谈记录表

<table>
<tr><td>面谈原因</td><td colspan="5">□转正　□调岗　□晋升　□绩效反馈　□离职　□其他</td></tr>
<tr><td>考核区间</td><td colspan="5">年__月__日—__年__月__日</td></tr>
<tr><td>面谈者</td><td></td><td>面谈时间</td><td></td><td>面谈地点</td><td></td></tr>
<tr><td>员工姓名</td><td></td><td>所属部门</td><td></td><td>现任职务</td><td></td></tr>
<tr><td colspan="6">第一部分　员工自我评价</td></tr>
<tr><td>评价方面</td><td colspan="3">主要成绩或进步</td><td colspan="2">工作中的不足</td></tr>
<tr><td>工作业绩</td><td colspan="3"></td><td colspan="2"></td></tr>
<tr><td>工作能力</td><td colspan="3"></td><td colspan="2"></td></tr>
<tr><td>工作态度</td><td colspan="3"></td><td colspan="2"></td></tr>
<tr><td colspan="6">第二部分　面谈记录（面谈者填写）</td></tr>
<tr><td>评价方面</td><td colspan="3">绩效肯定</td><td colspan="2">有待改进</td></tr>
<tr><td>任务完成情况</td><td colspan="3"></td><td colspan="2"></td></tr>
<tr><td>工作表现</td><td colspan="3"></td><td colspan="2"></td></tr>
<tr><td>工作技能</td><td colspan="3"></td><td colspan="2"></td></tr>
</table>

（续表）

<table>
<tr><td>工作态度</td><td></td><td colspan="2"></td></tr>
<tr><td>面谈建议</td><td colspan="3">1.
2.
3.</td></tr>
<tr><td>员工对面谈结果的意见</td><td colspan="3">☐满意　☐基本认可　☐不满意　☐其他（具体描述）</td></tr>
<tr><td colspan="4">第三部分　绩效改进计划</td></tr>
<tr><td>改进事项</td><td colspan="2">完成标准</td><td>完成时间</td></tr>
<tr><td></td><td colspan="2"></td><td></td></tr>
<tr><td></td><td colspan="2"></td><td></td></tr>
<tr><td></td><td colspan="2"></td><td></td></tr>
<tr><td></td><td colspan="2"></td><td></td></tr>
<tr><td></td><td colspan="2"></td><td></td></tr>
<tr><td colspan="2">被面谈者签字

年　月　日</td><td colspan="2">面谈者签字

年　月　日</td></tr>
<tr><td colspan="4">说明：
1. 所有参与绩效考核的员工，由其上级主管与其进行绩效面谈，双方应在面谈表上签字；
2. 人力资源部负责对各部门的绩效面谈结果进行抽查。</td></tr>
</table>

（2）电话反馈

电话反馈是由考核责任人与被考核者就考核结果进行的电话沟通。这种反馈方式适用于双方已经对绩效考核结果达成共识、沟通难度较小的情况。如果双方身处异地、时间又特别紧急，更适合采用电话反馈的方式。

（3）邮件反馈

在一些特殊情况下，需要用邮件反馈的方式进行沟通，如考核双方不在同一座城市、工作时间有冲突等。除此之外，有些不便在面谈中沟通的问题，也可以通过邮件的方式进行反馈。

（4）集中反馈

集中反馈适用于企业对某一群体进行集中绩效反馈，以期提高效率，找到绩效改进方法的情况。

3. 绩效反馈的注意事项

在实施绩效反馈的过程中，管理者要注意如下事项。

一是反馈前做好充分准备。充分了解反馈对象的具体信息，做到反馈内容有的放矢。

二是建立良好的反馈环境。在进行绩效反馈之前可以谈一些相对轻松的话题，拉近彼此的距离，营造良好的谈话氛围。

三是反馈应以事实为依据。绩效反馈要做到“对事不对人”，在反馈过程中尽量就事论事，避免伤害员工的人格和尊严。

四是注意肯定成绩。在反馈过程中不能一味地提出问题，或仅指出缺点和不足，还应对员工较好的工作方面做出肯定。

第七章 绩效管理应用

绩效管理可应用于薪酬体系、员工任用、员工关系等方面，全面提升企业的管理能力。

第一节 绩效管理在薪酬体系中的应用

广义上的薪酬包括基本薪酬、可变薪酬、福利、津贴、补贴等。企业可以将绩效奖金与员工薪酬进行充分关联，进而促使员工更好地完成本职工作。薪酬的构成如图 7-1 所示。

薪酬方面的激励是对员工行为最有效的激励之一。

图 7-2 是管理学家斯蒂芬·罗宾斯提出的综合激励模型，从总体上揭示了对员工绩效进行评价并提供适当薪酬奖励的重要性。

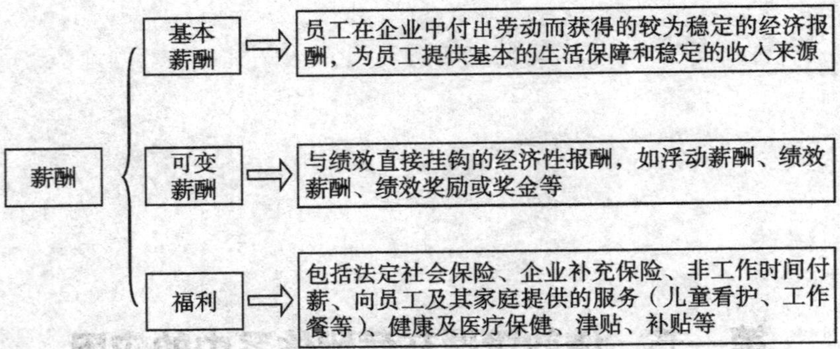

图 7-1　薪酬的构成

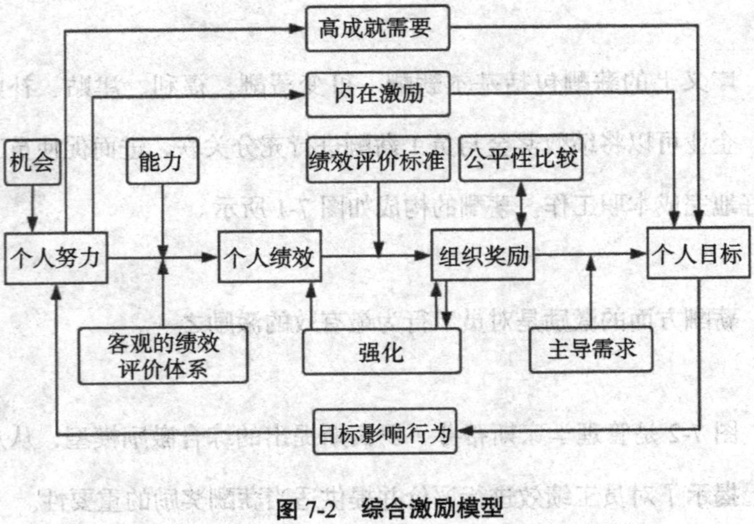

图 7-2　综合激励模型

从薪酬的构成看，绩效管理在薪酬体系中的应用主要体现在可变薪酬上，其应用逻辑如图 7-3 所示。

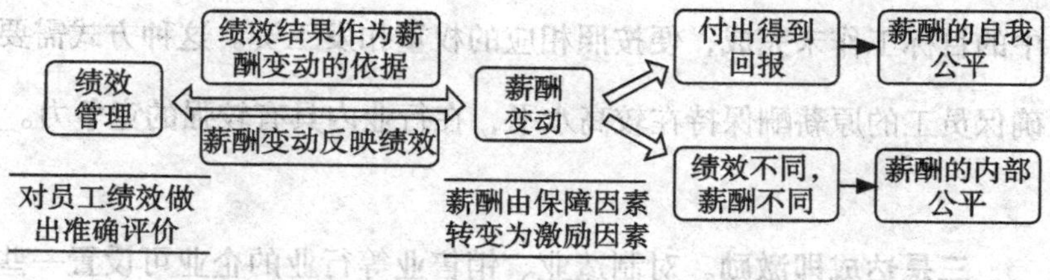

图 7-3　绩效管理在薪酬体系中的应用逻辑

绩效管理在薪酬体系中的应用主要是组织通过制订绩效奖励计划，在得到绩效考核结果后兑现薪酬奖励承诺，从而激励员工创造优良的绩效。企业针对不同的激励对象，有三种薪酬激励设置方式。

一是对于大部分绩效水平处于中间者保持薪资不变或只做基本激励。例如，考核结果划分为 A、B、C 三个等级，其中，20% 为 A，70% 为 B，10% 为 C，对应的考核结果为优秀、普通与较差。在这种情况下，可对考核结果为 A 的员工进行额外的薪酬激励，对考核结果为 B 的员工不进行激励，只向其发放基本薪酬，考核结果为 C 的员工则在原薪酬或原绩效收入的基础上进行扣发或不发。该方式能够确保大部分员工得到基本的激励。

二是对未完成项做减法。例如，企业在绩效管理中，以清单的形式对各个目标进行考察，无论整体考核结果排名多少，只要清单中的目标工作未完成，便按照相应的权重扣发工资。这种方式需要确保员工的原薪酬保持在较高水平，在行业内具有较强的竞争力。

三是达成即激励。对制造业、销售业等行业的企业可设置一些基础指标、奋斗指标，若员工达到某个基础指标，则进行适度激励，若员工达到或超过更高指标，则每超过一个梯次，进行更高量级的薪酬激励。员工完成得越多，获得的奖励就越高。

除了激励范围，管理者还可以针对薪酬本身设置以下机制。

一是整体浮动制，即薪酬按照不同绩效进行整体浮动，浮动范围是 10% ~ 20%，个别情况下也可以浮动 5% 或 30%。如果企业设置了整体浮动制薪酬，管理者需要注意三点：首先，薪酬整体基数越高，浮动比例越小；其次，最大下浮比例不高于最大上浮比例，例如，优秀员工薪酬上浮 5%，则不合格员工薪酬最多下浮 5%；最后，虽然企业可以在每一个绩效周期内设置整体浮动制薪酬，但因工作量较大，更多的企业将其运用于年度员工调薪上。

二是部分浮动制，即在薪酬中设置固定收入与绩效收入，绩效收入可以按照上述比率在一定的基础上增减。企业可以为员工设置超过属地最低收入标准的基本工资，在此基础上设置绩效薪酬，绩效收入可占整体收入的30%~50%。发放绩效薪酬时，首先可进行部分发放扣除，即如果员工达到优秀级别，企业就在全额基础上为其提升绩效额度；达到合格时全部发放绩效薪酬；获得较差评级或不合格的，扣除部分绩效薪酬。其次是进行全额发放扣除，即只有员工的业绩达到优秀水平，企业才全额发放绩效薪酬，达到一般则不予发放，如果绩效考核结果为不合格，则企业在基础薪资中扣除部分绩效薪酬。第一种方式更具备普适性，企业可针对不同的考核结果设计更科学的梯次绩效薪酬。

三是单独奖惩制，即绩效以奖金形式发放，或约定考核为固定等级，奖励固定金额的奖金或者处以固定金额的罚款。中小型企业可应用这种方式。

绩效在薪酬体系中的应用按照时间维度与激励对象维度可分为短期绩效激励、长期绩效激励及个人绩效激励、群体绩效激励。下面按照绩效奖励计划的分类具体介绍绩效管理在薪酬体系中的应用，具体如图 7-4 所示。

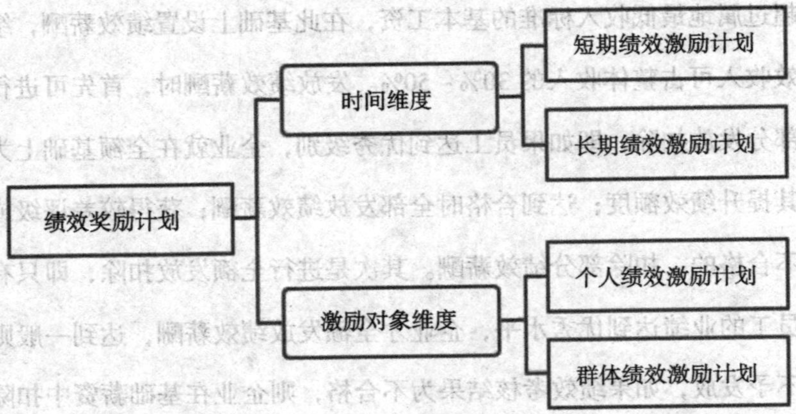

图 7-4　绩效奖励计划的分类

（1）短期绩效奖励计划

短期绩效激励计划多以绩效加薪、一次性奖金、周期内的浮动薪酬等形式落地，突出对当期绩效的奖惩，短期绩效更能刺激员工，将员工的绩效管理与薪酬关联得更为紧密，适用于绝大部分企业，简单绩效加薪示例如表 7-1 所示。

表 7-1 简单绩效加薪示例

	大幅超额完成绩效计划	超额完成绩效计划	完成绩效计划	未完成绩效计划	大幅低于绩效计划
绩效评价等级	S	A	B	C	D
绩效加薪幅度	8%	5%	3%	0	−2%

一是以绩效为基础的加薪激励。企业可以年度为周期，设置具体的加薪规划。例如，考核周期为季度，考核评价自上而下分为A、B、C三档。企业可规定，本年度内，得一个C的员工，不予加薪；得两个C的员工，薪资降低5%；得三个C的员工，在扣除薪资的同时需调换其他岗位；全得C的员工，则不予继续任用。全年得B的员工，按照企业的自然涨幅，涨薪5%，得一个A的员工，涨幅10%；得两个A的员工涨幅15%……依此类推，原则上，如员工得一个A和一个C，则算成B。这样可以为员工的涨薪提供标准和依据。

二是一次性奖金，即上文所述的单独奖惩制。在某些领域可根据该周期内绩效完成情况给企业带来的收益适度更改单次奖励金额。例如，某些企业的销售部或市场部视当期指标完成情况及预期利润等因素，可大幅度调整单次奖励金额。

三是周期内浮动薪酬，根据当期的考核情况对员工的薪酬进行上浮或下调。该方式还可与绩效加薪结合应用。

（2）长期绩效奖励计划

与短期绩效奖励相比，长期绩效奖励对应的考核周期更长，考核激励的收效也更长。长期绩效奖励计划如股票所有权等更多的是针对企业高管的激励，其对应的绩效考核周期也更长，只有长期绩效考核结果优异的员工才能获得长期绩效奖励。长期绩效奖励很少单独使用，往往与短期绩效奖励计划结合使用，如表 7-2 所示。

表 7-2　长期绩效奖励计划

种类	内涵	应用	注意项	关键要素
股票所有权计划	企业以股票为媒介实施的一种长期绩效奖励计划	传统的股票所有权计划主要针对企业的中高层管理人员，目前有向员工扩展的趋势	现股计划、期股计划、期权计划的权利和义务不同	持有与出售、风险、兑现时间

（续表）

种类	内涵	应用	注意项	关键要素
股票期权计划	企业提供的在一定时期内以固定价格购买固定数量的公司股票的机会或权利	主要适用于组织中的中高层管理者	避免管理者因过于关注股票价格而忽视其他目标	股票吸引力
员工持股计划	由员工持股信托基金负责通过银行贷款等方式帮助员工购买并管理公司股票，提供股票价值报告	适用对象广泛，但员工获得股票之后不能立即套现	避免激励不足和“搭便车”现象	留住人才

（3）个人绩效奖励计划

顾名思义，个人绩效奖励计划就是针对个人的绩效奖励计划，上文探讨的绩效奖励大部分是基于个人绩效奖励。

（4）群体绩效奖励计划

企业的产出是集体合作的结果，企业除了要对员工进行绩效奖励，还可以针对其所在的团队进行奖励。群体绩效奖励需要满足三个前提：一是该结果是团队共同取得的，具备较高的合作属性。在这种情况下，可能企业管理者并不能清晰了解或衡量该团队内部员工的贡献，对团队进行激励更能激发员工的荣誉感。二是该群体有较强的组织和管理能力，或是已有约定俗成的分工或工作衡量标准，能够做好奖励的二次分配。二次分配可以采用平均分配的方式，但更多是由该群体的管理者基于团队成员的不同贡献进行合理分配，并针对存在的具体情况进行适度平衡。三是该企业中存在良好的绩效文化和团队合作文化，能够确保二次分配的公平性。群体分配更适用于较为复杂的组织形式和较大型的企业及创新型企业，不适用于中小型企业及传统的制造业等。群体绩效奖励计划如表 7-3 所示。

表 7-3　群体绩效奖励计划

种类	内涵	应用	注意事项
利润分享计划	根据对利润等财务指标的衡量结果向员工支付报酬	团队需按照既定分配规则做二次分配。一般利润是指固定周期内的审定利润	不计入基本薪酬，有利于企业在经营状况不好时控制成本
收益分享计划	与员工分享企业效益提升带来的收益	员工按照事先设计好的收益分享公式，根据本人所属部门或群体的总体绩效改善情况获得奖金	基础是团体绩效，报酬会在部门或群体内所有员工之间公平地分配

（续表）

种类	内涵	应用	注意事项
成功分享计划	根据既定绩效目标的实现情况或绩效改善程度提供绩效奖励	如果员工的业绩超出一定的目标，企业将进行额外的激励奖励	所有员工参与，不断进行绩效改进
团体奖励计划	对特定团队创造的收益进行激励	适用于规模更小的工作群体或团队	注意不能由于团队或群体之间的竞争导致组织利益受损

表 7-4 是某公司基于平衡计分卡的绩效奖励计划。

表 7-4　某公司基于平衡计分卡的绩效奖励计划

绩效衡量指标	奖励方案				
	目标奖金（元）	绩效标准	相当于目标奖金的百分比	实际绩效	实际应得奖金（元）
财务指标：销售额增长率	1 000	＞20%	150%	19%	1 000
		17%～20%	100%		
		12%～16%	50%		
		＜12%	0		
客户指标：客户投诉率	400	＜1/1 000	150%	1/850	200
		1/900～1/999	100%		
		1/800～1/899	50%		
		＞1/800	0		

（续表）

绩效衡量指标	奖励方案				
	目标奖金（元）	绩效标准	相当于目标奖金的百分比	实际绩效	实际应得奖金（元）
业务流程指标：产量提高率	300	＞9%	150%	10%	450
		6%～9%	100%		
		4%～5%	50%		
		0～3%	0		
学习与成长指标：员工自愿流动率	300	＜5%	150%	7%	300
		5%～8%	100%		
		8%～12%	50%		
总计	2 000				1 950

在企业的不同发展时期，薪酬激励策略需要适时调整，具体如表 7-5 所示。总体来说，越是发展的高峰期，越要让激励有市场竞争力。

表 7-5　企业发展不同阶段的绩效与薪酬策略

发展阶段	企业特征	绩效与薪酬策略
初创期	（1）资源较为有限 （2）企业人员数量少 （3）人力资源管理尚未形成系统	（1）基本薪酬和福利水平较低 （2）绩效管理方式简单，通常以定性考核为主，绩效奖励以一次性奖金为主

（续表）

发展阶段	企业特征	绩效与薪酬策略
成长期	（1）市场占有率逐步提升 （2）企业员工数量增加 （3）人力资源管理开始步入正轨	（1）适当提高基本薪酬 （2）福利有所改善 （3）短期绩效奖励计划开始出现 （4）关注重点任务和核心战略的完成
成熟期	（1）市场地位逐渐稳定，有稳定的客户群 （2）员工数量达到一定规模 （3）企业决策更加程序化和规范化 （4）人力资源管理体系变得完整且规范	（1）基本薪酬和福利待遇具有市场竞争力 （2）短期绩效奖励和长期绩效奖励并存 （3）增加非经济性报酬
衰退期	（1）企业发展陷入停滞期或步入负增长 （2）削减成本，重视新产品开发或为现有产品开拓新市场 （3）人力资源管理更多地关注过程而非结果	短期激励水平下降，增加对低绩效的处罚力度

第二节　绩效管理在员工任用中的应用

绩效考核与员工任用的关联广泛而深刻，可以作用于员工职位调动，不仅包括纵向的升降，也包括横向的岗位轮换及不合格员工的解聘。

首先，绩效考核结果是评价员工工作业绩、工作能力、工作态度的综合结果，能够明确人岗匹配程度。以此作为员工职位调动的依据，可以有效避免论资排辈等现象，公平、公正、合理地进行员工职位晋升、薪酬调整，从而调动员工的工作积极性，提高员工的工作效率。

其次，绩效考核有助于形成能者上、庸者下、平者让的竞争机制，进而形成充满生机与活力的动态用人机制。

绩效考核结果与员工职位调动的对应关系可参考表 7-6。

表 7-6 绩效考核结果与员工职位调动的对应关系

调动类型	绩效考核结果	具体调动
升级	绩效非常突出	调整到其他岗位上锻炼，或者承担更大的责任
降级	绩效不达标	能力与职级不匹配，进行降级处理
调岗	不能胜任当前工作	查明原因后调离到能胜任的岗位
解聘	经过调岗、培训后依旧不能胜任	考虑解聘

（1）绩效考核结果

绩效考核结果在提职体系中的应用可参考图 7-5 和表 7-7。

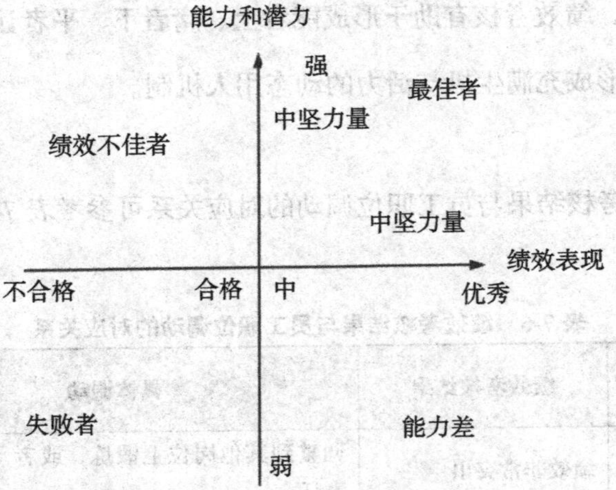

图 7-5 员工分布模型

表 7-7 针对不同员工的提职策略

<table>
<tr><th colspan="2">项目</th><th>不合格</th><th>合格</th><th>优秀</th></tr>
<tr><td rowspan="3">能力和潜力</td><td>强</td><td rowspan="2">职位不动
提供有针对性的发展支持和绩效辅导</td><td>可以考虑提拔
计划下一步的提拔和发展指导</td><td>尽快提拔
规划多重快速发展通道</td></tr>
<tr><td>中</td><td>职位不动</td><td>提供发展机会</td></tr>
<tr><td>弱</td><td>轮岗学习
降级或淘汰出局</td><td>职位不动
提升能力</td><td>职位不动
培养能力</td></tr>
</table>

（2）具体操作

一是根据绩效考核结果区分出绩效优秀者、绩效合格者和绩效不合格者。

二是对员工进行绩效辅导，分析绩效结果好坏的原因。

三是将原因归于能力、态度与环境三个方面。

四是排除环境因素造成的高绩效、低绩效结果。

五是排除环境因素后，以能力和态度对员工进行区分。对于能力强但是态度较差的高绩效员工进行动机激励，例如，通过优化工作环境帮助其找到内驱力，进行有的放矢的激励；对于能力强、态度好的高绩效员工，将其加入待提拔群体；对于能力弱但态度较好的低绩效员工，帮助其改进工作方法；对于能力弱、态度差的低绩效员工，考虑调整其岗位或淘汰。

六是针对待提拔人员，建立后备人才库，将其纳入后备人才库。对轮岗人员进行单独交底，开展进一步的绩效辅导；对于轮岗后仍不能胜任的低绩效员工，可依照相应法律法规的规定与其解除劳动合同。

七是当企业出现岗位空缺时，在后备人才库中视岗位适配性与绩效优异程度提拔员工。

第三节　绩效管理在培训体系中的应用

对员工来说，绩效考核可以让其了解自身技能水平、综合素质和知识结构，有针对性地进行学习。对组织来说，通过分析绩效考核结果，可以发现绩效优秀者特别有效的行为和绩效不佳者特别无效的行为，为培训需求分析提供依据。分析绩效优秀者可以为企业实现更高绩效提供参考，分析绩效不佳者有助于找到绩效干预的措施；一方面可以帮助员工更好地掌握知识和技能，更好地完成目前的工作；另一方面也可以针对下一阶段的目标要求，拓展员工的知识和技能，以便更好地胜任未来将要从事的工作。

绩效考核对培训的影响大部分是间接的与方向性的，其要点在于管理者对绩效考核不佳的情况做客观公正的分析。该分析需要将整体性分析与个别案例分析结合起来。例如，针对某一次大面积绩效考核效果不佳、未能达到预期目标的情况，可通过分析内外部环境、个人能力、个人态度、企业内部沟通环境、流程等多个方面，确定最终原因。如果是态度方面的问题，可以有意识地增加互动式培训，或者通过开展团队建设活动、召开分享会等方式增进沟通。如果是员工个人能力不足，还要进一步区分是专业能力不足，还是沟通能力、管理能力、创新能力不足。即便是专业能力不足，也需要继续细分为是哪方面的专业能力不足。最终，可通过有的放矢的培训增强员工相应的技能。培训后，还需要进行培训跟踪与培训效果评估，确保员工培训能够达到最好的效果。

培训流程如图 7-6 所示。

一是整理绩效考核结果，对每个未完成的目标进行分析；

二是按照分析结果排列目标，找出哪些目标是整体完成度最低的，分析该目标对员工素质的要求；

三是进行培训需求分析，通过访谈、问卷调查等形式对员工开展培训需求调查；

四是将员工诉求与企业分析进行对比，并通过座谈、头脑风暴等形式，讨论当前需要的培训课程及内容、期待的培训方式等；

五是进行培训设计，确定培训时间、地点、对象、频次、内容等，重点提升员工仍有欠缺的工作项；

六是实施培训，并在培训前、培训中和培训后进行培训效果评估，针对不同的培训效果做进一步的改进；

七是在下一个绩效周期结束后，对培训进行修正与改进。

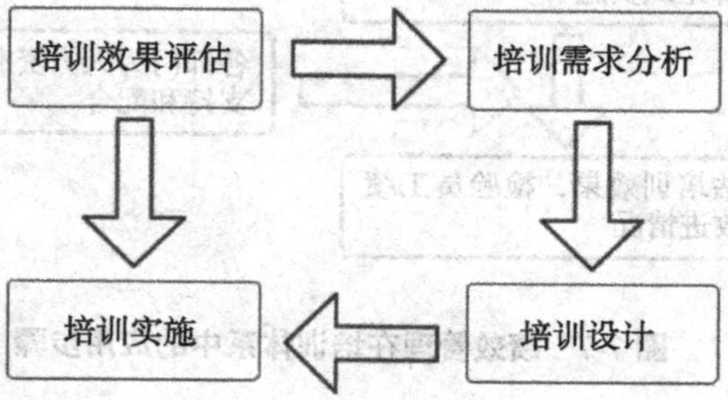

图 7-6　培训流程

绩效管理在培训体系中的应用步骤如图 7-7 所示。

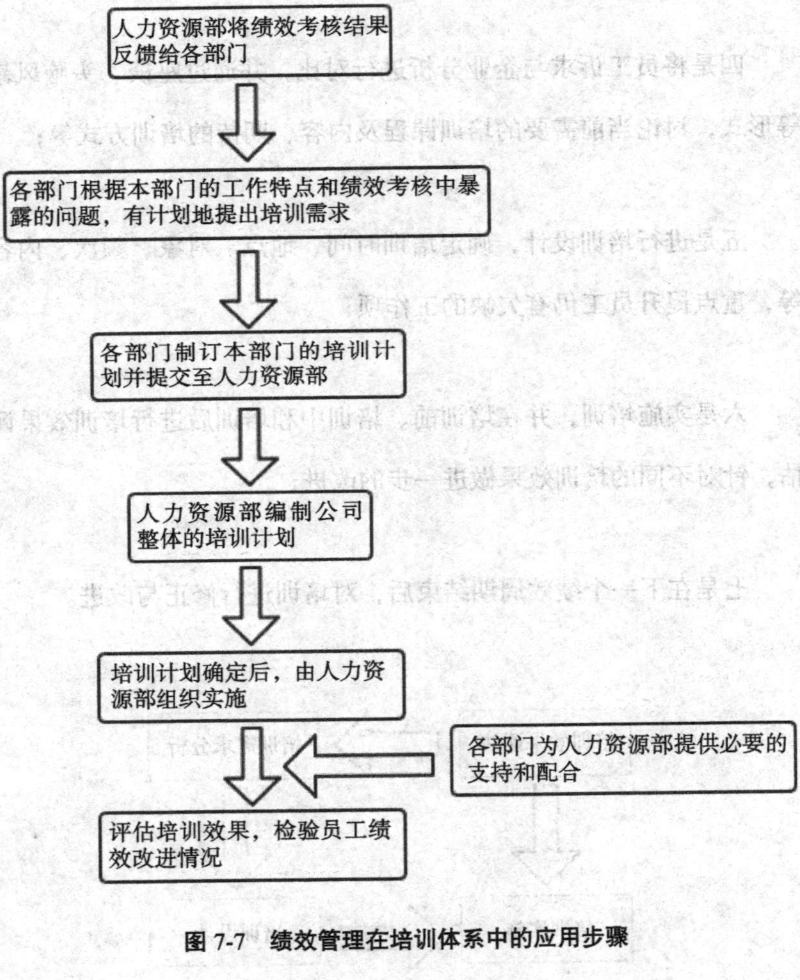
人力资源部将绩效考核结果反馈给各部门
各部门根据本部门的工作特点和绩效考核中暴露的问题，有计划地提出培训需求
各部门制订本部门的培训计划并提交至人力资源部
人力资源部编制公司整体的培训计划
培训计划确定后，由人力资源部组织实施
各部门为人力资源部提供必要的支持和配合
评估培训效果，检验员工绩效改进情况

图 7-7　绩效管理在培训体系中的应用步骤

部分企业也可以引进和设置线上课程，由员工对自身能力进行自评，管理者会同员工做绩效原因分析，并结合员工自评，为员工推荐相应的线上课程，由员工进行自学。该方式更灵活，也有助于激发员工的学习热情与积极性。

第四节　绩效管理在人员招聘中的应用

企业通过绩效管理既可以对企业过去的招聘情况进行检验与评估，也可以指导下一阶段的招聘工作。

企业通过绩效管理，可以更加清晰地发现员工在工作驱动力、工作能力、综合素质等方面的真实水平，检验企业招聘工作的质量，进而不断完善该岗位的胜任力模型，对招聘工作做进一步的修正。若经过绩效考核，发现某一类员工的绩效考核结果更佳，进而分析其所具备的能力素质，在下阶段的招聘过程中，就可以侧重于考察该能力素质，为今后招聘工作的改进与完善提供依据。相应地，企业对绩效考核结果较差的员工进行分析与统计，就可以避免引进同类型员工。

企业将绩效管理应用在人员招聘工作中时可采用以下步骤。

一是结合关键事件分析法与观察法，了解高绩效产出人员、低绩效产出人员的基本素质及其特点；

二是对特点进行归纳分析，并依据影响大小进行排序；

三是针对排序结果，修改招聘中的素质模型和评判要求，增大影响员工绩效的关键因素在招聘中的权重；

四是针对新进员工的绩效考核，分析其能力素质与定位，并进行修正。

需要注意的是，企业的要求并不是一成不变的，随着企业的发展，所需的员工素质也在变化。企业依据绩效考核制定的素质模型应用是有限度的，除了企业现有的绩效考核带来的指导，招聘过程中也要按照企业的战略定位对该素质模型进行进一步修正。

第五节 绩效考核在员工关系中的应用

绩效考核结果在员工关系中也有广泛的应用。其中，最常见的是企业对绩效考核排名靠后、无法胜任现有工作的员工进行培训、调岗，如果这类员工经过培训与调岗后依旧无法胜任工作，可依照相关法律法规的规定与其解除劳动合同。

管理者将绩效管理应用在员工关系中时需要注意以下几点。

一是绩效考核要科学、公平。只有科学、公平的绩效考核，才能得出正确的结果。

二是在应用中需要做到“双公开”。首先是绩效考核的方案、过程与结果要公开，要让员工知道企业的绩效考核究竟考核什么、需要员工做什么、做到什么程度，以及企业如何衡量这些产出、衡量后的结果是什么；其次是绩效考核应用的方案与结果要公开，方案公开可以避免员工不知情，结果公开可以在确保公平性的同时对其他员工产生提示作用。尤其是对于结果的应用最好体现在员工手册中，并对员工进行明确交底，必要时可请员工签字确认。

三是设计合理的轮岗方案。首先企业很难通过一次考核结果判定某位员工不胜任工作，因此要明确考核的次数，如连续两次考核为不合格，或是一年内有两次考核不合格，就予以轮岗。其次，轮转岗位上往往从一个岗位向操作难度更低、综合要求更低的岗位轮转，确保员工能够基本掌握新岗位的工作。再次，轮岗后需要对员工进行技能培训，必要时可为员工提供一段时间的适应期，待员工掌握该岗位的技能后再进行考核。对轮岗后仍然不能胜任的处理，也需要提前进行说明，让员工有充分的心理准备。最后，明确轮岗后的待遇，通常保持不变或适度下调。

四是设置合适的考察期限。在轮岗中，如果员工的绩效考核结果仍然较差，在培训后依然没有改变，可依相关法律法规的规定与其解除劳动合同。企业在设置考核周期时要考虑员工的合同期限，不应设置过短或过长的考察期限。

五是注意应用对象的总数与比例。轮岗与淘汰比例要合理，轮岗过多会对岗位本身的工作产生不利影响。对淘汰人数要注意总数与比例的双控制，既不能比例过高，也不能总人数过高。淘汰比例一般不超过 5%，可根据企业发展情况的不同设置 1%～5% 的淘汰比例。

除了让绩效低的员工轮岗，绩效考核结果也可以应用于员工的劳动合同续签工作，例如，针对绩效考核结果不佳的员工，企业可以与之签订时间更短的劳动合同；针对高绩效员工，企业可为其提供签订更长时间合同的选项。

企业在应用绩效考核结果时要注意以下几点。

一是关注员工的长期发展，帮助员工制定长期的职业生涯规划，提供必要的辅导与培训，通过绩效管理为员工在企业中的持续发展提供依据。

二是将员工与组织紧密联系起来，促进员工与企业共同成长和发展。

三是将员工的绩效考核结果与其在企业中的利益紧密地结合起来，确保奖优罚劣。

四是通过短期绩效激励、提拔提任、培训培养、合同续签等手段，从短期激励到中长期激励，从直接激励到间接激励，建立立体的绩效结果应用体系，确保员工时刻关注个人绩效，帮助员工沿着正确的方向发展。

五是在绩效应用中应注意适度，给员工一定的包容度，不仅关注员工的绩效结果，还应关注如何提升员工的绩效表现。

六是企业要关注和避免潜在的法律风险。

附录 A

KPI、OKR、MBO、BSC、360 度考核的优缺点、适用范围、适用人员或岗位、不适用人员或岗位对比如下。

绩效考核管理方法	优点	缺点	适用范围	适用人员或岗位	不适用人员或岗位
关键绩效指标法（KPI）	（1）目标明确，有利于公司战略目标的实现 （2）提出了内外客户价值理念 （3）有利于组织利益和个人利益达成一致	（1）KPI 选定困难，人们对于指标的重要程度存在认知偏差 （2）机械考核，忽视弹性因素 （3）不适用于所有企业和岗位	比较适用于与组织战略目标紧密联系、对组织增值或未来发展潜力有直接贡献的岗位	总经理、副总经理、研发人员、销售人员、生产人员等	不适用于事务性岗位

（续表）

绩效考核管理方法	优点	缺点	适用范围	适用人员或岗位	不适用人员或岗位
目标与关键成果法（OKR）	（1）可以充分调动员工的积极性和主动性 （2）可以使岗位的工作内容更加丰富、灵活 （3）可以强化企业整体的创新力和创造力	员工需要具备较高的职业素质和职业技能	比较适用于能够及时调整目标以适应环境的企业及没有清晰目标、处于成长期的企业	更适用于高新技术企业或知识型岗位	不适用于传统制造业
目标管理法（MBO）	（1）权责明确，强调员工参与，有利于调动员工积极性 （2）以目标为导向，注重结果 （3）人本管理，成熟度高	（1）没有具体指出达到目标的行为，重结果而轻过程 （2）重眼前而轻长远 （3）目标设定针对性强，没有为相互比较提供基础	适用于对工作独立性强的员工进行考核，不适用于从事常规工作的员工	管理人员、专业技术人员、销售人员等	流水线作业的工人

（续表）

绩效考核管理方法	优点	缺点	适用范围	适用人员或岗位	不适用人员或岗位
平衡计分卡（BSC）	（1）有利于实现多个方面的平衡 （2）有利于组织与员工的学习成长和核心能力的培养 （3）有助于整个组织行动一致，实现组织战略 （4）有利于提高组织管理水平	（1）实施难度大 （2）指标体系的建立较为复杂，指标权重的分配比较困难 （3）实施成本高，耗费资源和时间	适用于面临较大竞争压力的企业、以目标战略为导向的企业，以及管理基础较好、成熟度较高的企业，不适用于对个人岗位绩效的考核	—	—
360 度考核	（1）多主体参与，信息全面 （2）相互评价，有利于制衡 （3）多侧面信息，有利于发展 （4）内外沟通，有利于团队协作	（1）主体不明，不利于坚持“谁考核、谁负责”原则 （2）信息过多，增加了系统的复杂性 （3）匿名考核，有人可能会公报私仇 （4）有可能产生相互冲突的考核 （5）考核成本高，培训难度大	360 度考核适用于知识型员工较多的企业或信息化程度较高的企业。由于 360 度考核需要收集和分析大量员工的评价数据，在操作中往往需要用人力资源管理信息系统作为技术支撑	组织中承担监督管理责任的员工、公司中高层管理者	—

附录 B

KPI、OKR、MBO、BSC、360 度考核均为现代绩效考核方法，可与传统的绩效考核方法结合使用。部分传统的绩效考核方法及其特点对比如下。

量表法	行为锚定评价法（BARS）	对同一职务工作可能发生的各种典型行为进行评分度量，建立一个锚定评分表，据此对员工的实际工作行为进行测评分级
	行为观察量表法（BOS）	在考核各个主体的项目时给出一系列的有效行为，评价中通过指出员工表现的频率来评价他们的工作绩效
	图尺度评价法（GRS）	即图解式评价法，以表格的形式列举出一些绩效构成要素和范围很宽的工作绩效等级，在评价时首先针对每一位下属从每一项考评要素中找出最符合其绩效状况的分数，然后将分值相加，得出最终的工作绩效评价结果
比较法	直接排序法	根据员工贡献大小或其他指标，从低到高或从高到低对员工进行排序
	交替排序法	首先从待评价员工中选出表现最好和表现最差的员工，然后从剩下的员工中选出表现最好和表现最差的员工，反复进行直至完成排序
	配对比较法	将所有要评价的员工进行两两比较，最后按照每位员工净胜次数的多少进行排序

（续表）

比较法	人物比较法	在考核之前先选出一位员工，以其各方面的表现为标准，对其他员工进行考核
	强制比例法	按照正态分布的原理，强制规定优秀员工与不合格员工的数量
描述法	自我报告法	员工用叙述性的文字描述自己的工作业绩、工作能力、工作态度、优缺点和需要改进的地方
	面谈评估法	面谈者（通常是上级）与被考核者当面就工作表现和工作结果进行谈话，得出评价结果，提出改进计划
	关键事件记录法（CIM）	由上级主管记录员工平时工作中的关键事件，即做得特别好和做得不好的事，在预定的时间（通常是半年或一年）后，主管和被考核者根据记录讨论相关事宜，为测评提供依据